NEUSTART

Ein Herzinfarkt
kann das Ende sein –
oder der Anfang

adeo

Vorwort

Etwa eine Viertelmillion Menschen erleiden jährlich in Deutschland einen Herzinfarkt. 70 000 von ihnen sterben, bevor sie in einem Krankenhaus behandelt werden können. Sie sterben alleine im Wald beim Joggen oder auf dem Feld beim Radfahren oder einfach nur nachts im Bett. Mehr als 50 000 Menschen überstehen den Infarkt trotz ärztlicher Hilfe nicht.

Ich erlitt zwei Herzinfarkte. Und überlebte.

Das war 2011. Um die Geschehnisse zu verarbeiten, die mich zu einem anderen Menschen gemacht haben, startete ich ein Jahr später die Chronologie meines Herzinfarktes in meinem Blog „Flatline". Alle Erinnerungen waren so frisch, als wäre alles eben erst geschehen.

Erst waren es wenige Leser, dann wurden es immer mehr. Sie wollten wissen, wie es in meiner Geschichte weitergeht, und abonnierten meinen Blog. Viele tausend Klicks bis heute. Ich war überrascht, wie sehr das Thema die Menschen berührt und interessiert.

In der Anonymität des Internets begann ich, meine Geschichte zu schreiben. Immer dann, wenn die Stimmung passte, führte ich die Chronologie weiter. Irgendwann stieß ich im Internet auf ein Forum. Dort schrieben sich Angehörige von Herzpatienten ihren Kummer von der Seele: Mein Mann hat keine Lust mehr zu leben, mein Vater ist mir fremd geworden, mein Partner ist nicht mehr der gleiche …

All ihnen möchte ich an dieser Stelle zurufen: „Ja, das ist so! Das ist ganz normal!"

Denn ein Herzinfarkt ändert alles. Er ändert die Menschen und ihre Einstellung zum Leben. Alles wandelt sich: die Beziehungen zur Familie, der Freundeskreis, die Arbeit … Sogar die Art, wie jemand Auto fährt. Oft wissen weder die Betroffenen noch ihre Freunde und Angehörigen, was da mit ihnen geschieht. Sie sind mit ihren Erfahrungen allein gelassen und verstehen die Welt nicht mehr.

Deshalb habe ich meine als Blog veröffentlichte Chronologie überarbeitet, ergänzt und zu einem Buch zusammengefasst. Es ist die Geschichte meines Herzinfarktes, so wie ich ihn erlebt und empfunden habe. Alles, was du hier liest, ist so passiert. So habe ich es erlebt, so habe ich es gefühlt. Vielleicht hat sich einiges bei dir oder dem Menschen, den du liebst, anders als bei mir zugetragen. Aber viele meiner Erlebnisse wirst du wiedererkennen.

Dass du dich nicht mehr allein gelassen fühlst – genau dies möchte ich mit diesem Buch, der Chronologie meines Herzinfarktes, erreichen.

Du bist nun ein Teil davon.

Dein Oliver 2.0

1

Als junger Mensch trank ich keinen Alkohol.
Ich meldete mich in meiner alten Firma für ein Suchthelfer-Seminar an, um später Kollegen mit Alkoholproblemen beratend zur Seite stehen zu können. Am ersten Seminar-Tag wurde viel über Alkohol diskutiert und gesprochen. Was soll ich sagen? Noch am selben Abend schlich ich mich in die nächste Kneipe und genoss mein erstes frisch gezapftes Pils, so einen Durst hatte ich plötzlich auf das goldene Gebräu bekommen.

Vor ungefähr 20 Jahren

„Ihr Cholesterinwert ist viel zu hoch! Sie müssen was dagegen tun." So lautete die Diagnose bei einem Routine-Arztbesuch. Da war ich etwa 27 Jahre alt.

Der Arzt verschrieb mir Tabletten. Ich hatte aber keine Lust, jeden Tag Pillen zu schlucken. Also fragte ich, ob ich nichts anderes gegen mein hohes Cholesterin tun konnte.

„Naja, Sport treiben Sie ja …"

„Und wenn ich meine Ernährung umstelle?"

„Nun, auch wenn Ihr Cholesterinwert nur zu zirka zehn Prozent durch Ihre Ernährung beeinflusst wird, sollten Sie die Finger von Käse, Leber und Ähnlichem lassen."

Käse und Leber – beides gehörte bis dahin nicht wirklich zu meinem Speiseplan. Aber da war sie – die Trotzreaktion und die Lust auf das Verbotene … wie bei einem Kleinkind! Fortan stopfte ich genau diese Dinge in mich hinein. Appenzeller wurde mein Lieblingskäse, Leber mit Apfelringen mein Lieblingsgericht.

Trotz ist etwas unglaublich Dummes. Man meint, damit der ganzen Welt zu beweisen, was für ein toller Kerl man ist, aber am Ende stellt man sich immer nur selbst ein Bein. Ist es nicht verrückt, wenn einer genau weiß, was gut für ihn ist, und trotzdem das Gegenteil davon tut? Trotz und der Reiz des Verbotenen … beides ist gefährlich. Es kann dich sogar umbringen.

Anfangs nahm ich noch brav Abend für Abend die Tabletten. Allerdings machten sie mir richtig zu schaffen … Übelkeit, Bauchweh und überhaupt Schmerzen. Nach ein paar Wochen rief ich meinen Arzt an und jammerte. Der meinte nur: „Da müssen Sie durch!"

„Muss ich nicht", sagte ich mir. Ich war doch eigentlich gesund und ohne Tabletten ging es mir gut …

… damals, vor 20 Jahren.

2

Aha-Erlebnis ist ein (…) Begriff aus der Psychologie, der das schlagartige Erkennen eines gesuchten, jedoch zuvor unbekannten Sinnzusammenhanges bezeichnet.

Wikipedia

2008

Ein verschneiter Freitagabend in einem kalten Winter. Eishockeyzeit. Mein Sohn hatte mit seinen zarten fünf Jahren als Eishockeytorwart begonnen. Mir gefielen dieser rasante Sport und das ganze Drumherum. Damals war ich oft bei Eishockeyspielen.

An dem Abend, von dem ich hier berichten will, war es verdammt kalt und ich war mit Freunden vor dem Eisstadion verabredet. Den Kopf tief zwischen die Schultern gezogen hastete ich die Straße entlang. Ich war bereits spät dran. Nur noch ungefähr vierhundert Meter waren es zum Berliner Platz in Kaufbeuren, wo das Wellblechstadion des ESVK steht. Ich hörte schon die Trommeln und den Stadionsprecher. Ich ging schneller, obwohl ich mich so erschöpft fühlte.

Plötzlich, aus heiterem Himmel, fuhr mir ein stechender Schmerz in die Brust. Wie vom Blitz getroffen blieb ich stehen, griff mir instinktiv an die Brust und schnappte nach Luft. Kurz darauf ließ der Schmerz nach und war einfach wieder weg.

Aber der Schreck war mir in die Glieder gefahren. Um Gottes willen! Was war das gewesen? Mein erster Gedanke galt der kalten Luft, mein zweiter meiner Unsportlichkeit – vor ein paar Jahren hatte ich von einem Tag auf den anderen einfach mit dem Sport aufgehört. Oder lag es an der Lungenentzündung, die ich ungefähr drei Jahre zuvor überstanden hatte?

Ich beschloss, langsamer weiterzugehen. Als ich endlich im Stadion eintraf, hatte das Spiel bereits begonnen. Meine Mannschaft verlor an diesem Abend.

Der stechende Schmerz suchte mich in den folgenden Wochen noch ein paarmal heim, irgendwann konsultierte ich meinen Hausarzt.

„Ich hatte vor einiger Zeit eine Lungenentzündung – bestimmt liegt es daran?" Ich ahnte nicht, dass ich mit dieser Bemerkung meinen Arzt nur auf die falsche Fährte setzte. Er überwies mich an einen Lungenspezialisten, der mir nach einem Blick auf meine Röntgenbilder eine kerngesunde Lunge attestierte.

Ich war happy mit dem Ergebnis. Ich war also gesund. Unsportlich, aber gesund.

Die Stiche in der Brust bei Kälte kamen zwar wieder, aber wenn ich dann einfach einen Schritt langsamer ging, hörten sie auch wieder auf. Dann wurde es Frühling und wärmer, im Sommer hatte ich die Sache schon fast wieder vergessen. In den Wintern darauf kam der Schmerz wieder, aber immer seltener. Er stach auch jedes Mal nur kurz zu. Ich gewöhnte mich daran.

Für Sport hatte ich weiterhin keine Zeit mehr. Die Chance auf ein Aha-Erlebnis hatte ich vertan.

3

„Du siehst aber gut aus", sagen mir viele. Sind die blind? Meine Frau ist es nicht: „Wenn du so weitermachst, bist du bald fällig!"

Juni 2011

Ich bin müde, unbeschreiblich müde. Ich gehe abends früh ins Bett, und wenn ich morgens aufwache, bin ich immer noch ganz zerschlagen. Ich bin noch unsportlicher geworden, wiege über 100 Kilo und bekomme schlecht Luft. Erkältet und erledigt lande ich wieder beim Hausarzt.

„Sie sind ja schon wieder erkältet!"

„Ja, ich kann irgendwie nicht mehr."

„Zurzeit geht eine Sommergrippe um. Haben Sie Medikamente gegen Erkältung zuhause?"

„Ja, das Zeugs nehme ich schon die ganze Zeit."

„Zur Sicherheit nehmen wir Ihnen mal Blut ab."

Im Nebenraum krempele ich meinen Ärmel hoch. Den Stich der Nadel spüre ich kaum. Ich beobachte, wie mein Blut langsam in die Kanüle läuft ... dunkel, fast schwarz ist es. Ich hätte es als Omen deuten können.

Am nächsten Tag schleppe ich mich frühmorgens nochmals zum Arzt.

„Tja, die Werte schauen nicht schlecht aus. Man sieht allerdings, dass Ihr Körper mit einer Erkältung kämpft. Das mit dem Cholesterin wissen Sie?"

„Ja. Wie hoch ist es denn?"

„Gesamt bei 280.

„Oh, dann ist es um einiges niedriger als früher."

„Nehmen Sie Tabletten?"

„Gegen Cholesterin? Nein, ich vertrage die nicht. Ich will jetzt aber wieder mehr auf meine Ernährung achten. Ich komme dann Ende Juli, um nochmals mein Blut untersuchen zu lassen."

„Sie sollten das nicht auf die leichte Schulter nehmen", meint der Arzt ehrlich besorgt. „Es gibt auch neuere und verträglichere Tabletten. Ich schreibe Sie krank, oder wollen Sie das wieder nicht?"

„Nein, das geht schon wieder. Außerdem habe ich eh zu viel zu tun."

Mein Arzt hat es wirklich nicht leicht mit mir. Ermattet schleppe ich mich durch meinen Job. Wenigstens dort bringe ich meine Leistung und arbeite viel. Privat schlafe ich nur noch.

Hängt meine Müdigkeit und Niedergeschlagenheit etwa mit meiner Arbeit als Außendienstler und Berater im Mediengeschäft zusammen? Ich besorge mir Bücher über Burnout. Doch darin kann ich mich überhaupt nicht wiederfinden. Klar, ich habe oft Stress oder Ärger, aber die Arbeit macht mir dennoch unglaublichen Spaß.

Die Ursache muss wohl bei mir selbst liegen. Ich denke: Ich bin alt, schon 46, und mache keinen Sport mehr … Eigentlich müsste ich … Ich sollte mal … Aber ich kann mich einfach nicht aufraffen, gesünder zu leben.

Einem guten Freund, jünger als ich, war kurz zuvor Kieferkrebs diagnostiziert worden. „Zum Glück" gutartig. Es folgten schmerzhafte Operationen. Für ihn und seine Familie war es eine sehr schwere Zeit.

Ein weiteres Erlebnis: Beim Fischen an einem sonnigen Sonntag unterhielt ich mich vormittags mit einem Bekannten über Gesundheit. Dabei wurde mir ein Herr vorgestellt – sportlich, Mitte vierzig. Wenige Stunden später ging er joggen und wurde tot im Wald aufgefunden. Herzinfarkt.

Beide Kandidaten waren jünger als ich. Die Einschläge kommen immer näher, denke ich laut. „Und du wirst der Nächste sein, wenn du nicht aufpasst!", warnt mich meine Frau.

Ein paar Tage später sitze ich alleine auf dem Sofa und denke über mein Leben nach. Es muss etwas passieren, so viel ist sicher. Am

Abend zuvor hatte ich noch den Herrn da oben um ein Zeichen gebeten. Er musste doch wissen, was mit mir los ist. „Ändere etwas! Lass etwas passieren!"

Dann schäme ich mich. Ich bin ein erwachsener Mann und sollte selbst für mich sorgen können. „Hilf dir selbst, dann hilft dir Gott", denke ich mir. Ich will wieder die Kontrolle über mich haben. Ich will wieder der sein, der ich einmal war: der sportliche große Mann, der die Dinge selbst in die Hand nimmt.

Ich stehe vom Sofa auf und gehe hinüber zum Spiegel. Fest entschlossen spreche ich zu meinem müden Spiegelbild: „Ich will wieder über mein Leben entscheiden, ich ändere mich! Ich ändere alles. Und ich fange sofort damit an. Und gesünder essen tu ich auch. Und nächsten Monat lasse ich nochmals nach dem Cholesterin schauen. Zur Not nehme ich halt diese Scheiß-Tabletten wieder!"

So viele Warnschüsse! So viele gute Vorsätze! Würde ich nun, anders als in den Monaten und Jahren zuvor, Taten folgen lassen? Hätte ich mich, bevor ich mich wieder an meine Arbeit machte, noch einmal umgedreht, hätte ich wohl sehen können, wie mich mein eigenes Spiegelbild auslacht.

4

Wer kennt es nicht, dieses Gefühl: Irgendwas passiert gleich, aber man ist irgendwie regungslos. Wie gelähmt. So wie Waldtiere, die nachts die Straße queren und verwirrt in die Scheinwerfer blicken, wenn ein Auto angerast kommt. Verdammt, warum rennen sie nicht einfach los? Bleiben blöd stehen und warten, bis es passiert ... Selbst schuld!

Sonntag, 24. Juli 2011

Wieder ist ein Monat vergangen. Ich bin noch genauso schwerfällig und unbeweglich wie zuvor. Als Außendienstmitarbeiter für einen großen Konzern bin ich für den gesamten Süden Deutschlands zuständig und entsprechend viel im Auto unterwegs. Jeder gefahrene Kilometer bedeutet Zeit, die ich nur sitze, statt mich zu bewegen.

Es ist Sonntag. Ich habe plötzlich das unglaubliche Bedürfnis, mein Büro im Keller aufzuräumen. Es folgt einer chaotischen Ordnung, die ich aber perfekt beherrsche. Ein Genie eben. Aber weil ich den Vorsatz habe, alles anders zu machen, alles umzukrempeln, fange ich noch an diesem Sonntag an. Wie im Rausch sortiere ich Rechnungen und Auftragsbestätigungen, Versicherungspapiere, Briefe und Kontoauszüge. Das alles geschieht unter den verdutzten Blicken meiner Familie.

Meine Frau zweifelt an meinem Verstand, so wild wirbele ich in meinem Keller herum. Ich sortiere, schreddere und loche, was das Zeug hält. Der Vormittag reicht nicht... Ich mache nachmittags weiter und gleich am Montag setze ich meine übereifrige Aufräumaktion fort. Der Dienstagabend ist ebenfalls damit gefüllt und auch noch der Mittwochabend. Die Abfälle fahre ich in mehreren Fuhren auf den Recyclinghof.

Am Donnerstag in der Frühe, es ist der 28. Juli, bin ich so weit. Mein Schreibtisch ist leer, meine privaten wie auch meine geschäftlichen Unterlagen sind sortiert und To-do-Listen an meine Kollegen in der Firma weitergeleitet.

Ich bin bereit, für was auch immer – der Tag kann beginnen. Ein tolles Gefühl!

Endlich habe ich meinen Vorsatz „Alles muss anders werden“ tatsächlich in Angriff genommen. Leider habe ich in blindem Aktionismus etwas völlig Verrücktes getan: Ich habe mein Büro aufgeräumt statt mein Leben.

5

Ich sollte zufrieden sein. Bin ich ja eigentlich auch.
Trotzdem ist da das Gefühl: „Aber wie lange noch?
Bin ich auch bald dran?“

Donnerstag, 28. Juli, vormittags

Um 7:30 Uhr ist alles so wie immer. Meine Frau ist zur Arbeit gegangen und mein 13-jähriger Sohn in die Schule geradelt. Wir haben gefrühstückt wie an jedem Morgen. Und nun bin ich mit Spike, meiner Französischen Bulldogge, wieder alleine – auch wie an jedem Morgen.

Heute liegt noch ein arbeitsreicher Tag mit einigen Telefonaten und Kundenbesuch in München vor mir. Deshalb fällt meine Runde mit dem Hund eher bescheiden aus. Aber die zwanzig Minuten tun gut und geben mir Freiraum nachzudenken. Der Hund lebt im Jetzt und genießt die frische Luft. Doch meine Gedanken kreisen mal wieder in der Vergangenheit. „War mein Leben in Ordnung? Habe ich viel falsch gemacht?“ Fragen, die zwar in meinem Kopf hämmern wie eine Verkäuferin auf einer alten Registrierkasse, aber ohne dass die Schublade mit der Antwort aufspringt.

Als der Franzose und ich wieder zuhause ankommen, bekommt er erstmal was zu fressen. Genau achtzig Gramm, abgewogen mit der Küchenwaage. Ich achte sehr genau auf die Gesundheit und das Gewicht meines jungen Hundes. Beim Abwiegen schmunzle ich: „Wäre ich nur bei mir auch so konsequent."

Der kurze Spaziergang hat mich wieder müde gemacht. Ich schleppe mich in mein Kellerbüro. Der Vormittag ist mit Telefonaten gefüllt. Dann versende ich noch ein paar Mails. Genauso, wie man es tut, wenn man sich in den Urlaub verabschiedet. Fertig. Jetzt noch schnell unter die Dusche. Das warme Wasser tut gut. Ich genieße die dünnen Strahlen auf meiner Schulter, während sich das Badezimmer mit Wasserdampf füllt.

Frisch geduscht und rasiert schlüpfe in meinen Anzug. Die Hose bringe ich kaum zu. Ich halte die Luft an. „Fette Sau", schimpfe ich mein Spiegelbild im Bad an, das mich achselzuckend durch die freigefönte Stelle anblickt.

Es ist ein warmer Vormittag, am Himmel ziehen einige Wolken. Ich trage nur meinen braunen Anzug mit einem weißen Hemd ohne Krawatte. Schwarze Lederschuhe, schwarzer Gürtel und schwarze Aktentasche. Als ich in mein Auto steige, weiß ich nicht, dass ich diese Klamotten für lange Zeit das letzte Mal trage.

6

Kennst du die Zeichentrickfiguren im Fernsehen, die über eine Klippe rennen? Ihre Beine drehen sich noch wie verrückt, bevor sie merken, dass sie längst über dem Abgrund sind. Dann erst, mit entsetzt aufgerissenen Augen, stürzen sie ab. Wenn ich so eine Szene heute sehe, bleibt mir das Lachen manchmal im Halse stecken.

Donnerstag, 28. Juli, mittags

Die Fahrt nach München verläuft so wie immer. Da ich bereits am Morgen einige Telefonate getätigt habe, bleibt das Telefon im Auto ruhig. Dafür wummern die Bässe aus der Musikanlage meines Dienstwagens.

Musik aus früheren Tagen malt mit Tönen Bilder aus meiner Jugendzeit in meinen Kopf. Mit zwanzig arbeitete ich nebenher als DJ. Musik war mein Leben und mein Leben war Musik. Es machte mich glücklich, Menschen zum Tanzen zu bringen und ihnen einen tollen Abend zu schenken. Es waren immer einige Hundert Menschen. Pro Abend. Und es war die Musik der 80er. Ein Angebot, als DJ auf Ibiza zu arbeiten, hatte ich ausgeschlagen. Es ging mir nur um die Musik. Außerdem wäre ich auf Ibiza mit Sicherheit unter die Räder gekommen – über so viel Selbsterkenntnis verfüge ich immerhin.

Irgendwann wandelte sich das Plattenauflegen von Freude zu reiner Arbeit. Von heute auf morgen schmiss ich hin und zog mich aus der Szene zurück. Doch von der Zeit damals träume ich noch immer. Es war eine aufregende Phase in meinem Leben, die Erinnerung daran macht mich heute noch glücklich – und gibt mir die Gewissheit, etwas Tolles erlebt zu haben.

So massieren also Bässe meine Seele (frei nach einem deutschen Musikstück), als ich an diesem Donnerstag im Juli 2011 München erreiche. Beim Kunden angekommen, erinnere ich mich plötzlich, dass ich gar nichts zu Mittag gegessen habe. Naja – ist doch auch gut so – ich will ja sowieso abnehmen.

Der erste Termin dauert länger als sonst. Es wird heftig diskutiert – die Gespräche verlaufen nicht wirklich positiv. Mein zweiter Besuch an diesem Nachmittag ist schneller beendet. Es ist etwa 16 Uhr, als ich endlich fertig bin. Mir fällt ein, dass mein Drucker daheim keinen Toner mehr hat. Also hetze ich noch schnell in ein Geschäft und besorge eine Druckerpatrone, bevor ich mich wieder auf die einstündige Heimfahrt mache.

Wer von München aus auf die A96 Richtung Lindau fährt, passiert eine Tankstelle. An dieser Tanke trifft sich die halbe Welt, auch Boris Becker habe ich dort, glaube ich zumindest, schon gesehen. Für mich ist sie ein willkommener Zwischenstopp – es geht nichts über eine leckere Leberkäs-Semmel, eine eiskalte Cola aus der Dose und zum Nachtisch Schokolade. Das Wasser läuft mir schon im Munde zusammen, als ich die Leuchtreklame der Tankstelle erblicke. Es ist bereits nach 17 Uhr, als ich langsam auf den Hof der Tankstelle einbiege. Ich höre schon die Rufe einer in der beheizten Vitrine gefangenen Semmel: „Hilfe, Oliver, hol mich hier raus, ich bin lecker!"

Plötzlich bekomme ich ein schlechtes Gewissen. Ich will mich doch ändern!

„Leck mich!", rufe ich der Semmel entschlossen zu. „Ich esse lieber etwas Gesundes zuhause." Ich drücke aufs Gaspedal und beschleunige mein Auto an den Zapfsäulen vorbei wieder auf die Straße, Richtung Heimat. Ich fühle mich richtig gut, fast euphorisch. Endlich habe ich mal meinen Vorsätzen entsprechend gehandelt! Ich denke: Ab heute wird alles besser werden. Jetzt aber wirklich!

Nach allem, was ich in den letzten Jahren überstanden habe, versetze ich mich beim Schreiben dieses Buches noch einmal in diesen Augenblick. Damals war ich noch Oliver 1.0. Ich kann da nur den Kopf schütteln: Bis zum Schluss war ich der Überzeugung, dass ich mein Leben in der Hand hätte. So viele Jahre lang war ich mit dem Geschenk des Lebens achtlos umgegangen! Obwohl ich meinen

Körper jeden Tag ausnutzte, nichts für mein Wohlergehen tat und mich falsch ernährte, glaubte ich, dass ich jede Menge Zeit hätte, mit meinem Relaunch anzufangen. Wenn nicht heute, dann eben morgen.

Wie blöd ich war!

Denn irgendwann ist der Point of No Return überschritten. Dann kann dich sogar eine 180-Grad-Drehung nicht mehr retten. Ich weiß von Menschen, die beim Arzt die Diagnose Lungenkrebs bekamen und fassungslos riefen: „Aber ich habe doch vor zwei Wochen mit dem Rauchen aufgehört!"

Und das ist die Lektion: Du kannst es nicht ewig hinausschieben, für dein Leben die Verantwortung zu übernehmen. Irgendwann ist es zu spät, zu spät, zu spät, und du kannst nur noch beten und hoffen, dass du Schwein hast. Einfach nur Schwein.

7

„Was war deine bislang beeindruckendste Begegnung?"
„Hm ... der Tod!"
„Nicht Gott?"
„Dem Tod begegnet man nicht so oft wie Gott."

Donnerstag, 28. Juli, später Nachmittag

Mit 70 km/h fahre ich wieder auf die A96 Richtung Lindau auf – Richtung Familie, Richtung Hund, Richtung Haus, Richtung Freizeit. Der Feierabendverkehr hält sich an diesem Donnerstag merkwürdigerweise in Grenzen. Zügig geht es auf der Autobahn voran. Nach einiger Zeit beschließe ich, meine Chefin anzurufen. Ich tippe ihren Namen auf dem Display an und warte, bis sich meine Freisprechanlage meldet. Nach ein paarmal Tuut-Tuut hebt sie ab und ich berichte vom heutigen Kundenbesuch.

Plötzlich bleiben mir die Worte regelrecht im Hals stecken.

„Mist, ich muss auflegen, mir ist schlecht…" – Klick – Ich schmeiße das Telefon auf den Beifahrersitz. Irgendetwas packt mich von vorn an den Schultern und drückt mir einen eisernen Absatz in den Brustkorb. Ich kann nicht mehr atmen. Panisch ringe ich nach Luft. Der Schweiß rinnt mir in Strömen von meiner Stirn.

Es ist so weit –

es passiert –

jetzt.

Mein Leben wird nun eingepackt… Geburt – Leben – Ende.

Nun ist er da – der Moment, der sich all die Jahre angekündigt hat. Alles, was geschehen ist, läuft auf diesen einen Punkt zu. Nun ergibt es einen Sinn – das Stechen in der Brust bei Kälte, die Müdigkeit, das Gefühl, dass nichts mehr geht. Der Höhepunkt der Oper wird gespielt. Aufbrausend zu einer unglaublichen Klangkulisse spielen die Instrumente den Abgesang auf mein Leben.

Während ich mich in unerträglichen Schmerzen winde, ist ein Teil meines Gehirns ganz klar: Mein Tun endet hier. In wenigen Minuten bin ich tot. Meine Jugend, meine Unbeschwertheit, mein Glück, mein Leben – alles vorbei – jetzt…

8

„Hilfe! … Hört mich denn keiner? Seht ihr mich nicht? Hilfe …"

Donnerstag, 28. Juli, 18:10 Uhr

AUSFAHRT – Gott sei Dank! Mit allerletzter Kraft zerre ich das Lenkrad nach rechts und steuere das Auto die Autobahnausfahrt hinauf. Kreuzung. Bushaltestelle. Ich bremse… stoße die Fahrertüre auf… sinke vor dem Haltestellenhäuschen in den Dreck. Auf der Erde kniend ringe ich nach Luft.

Mitleidige Blicke aus den vorbeifahrenden Autos treffen mich, aber niemand hilft. Niemand hält an, steigt aus. Kein Einziger. Die Autos fahren vorbei … vorbei … vorbei …

Ihr müsst mich doch sehen! Ich verstehe das nicht … Habe ich so ein Ende verdient? Allein an einer Bushaltestelle zwischen Zigarettenkippen und Kaugummipapieren, unter den Blicken von Ignoranten, die zum Abendessen nach Hause hetzen.

Benommen von diesem unglaublichen Schmerz in der Brust, schweißgebadet vor Angst, robbe ich wie ein sterbender See-Elefant zurück auf den Fahrersitz und greife nach meinem Handy. Mit verschwommenem Blick, weil meine Augen tränenüberlaufen sind, wähle ich die Kurzwahl meiner Frau …

„Ja?"

„Ich bin's, mir geht's schlecht!"

„Hallo? Bist du es, Oliver? Red' bitte lauter, ich kann dich nicht verstehen!"

„Ich kann nicht mehr …"

„WAS? Was ist los? Ruf 'nen Rettungswagen, wo bist du?

„Ich weiß nicht …" Klick.

Meine Stimme versagt, meine Kehle ist wie abgeschnürt, die Luft geht mir aus. Tränen rinnen wie ein Wasserfall aus meinen Augen an meinen eiskalten Wangen hinunter.

Das ist also das Ende.

Ich werde sterben.

Durch meine zusammengepressten Augenschlitze sehe ich vor mir, an der Einmündung eines Feldweges, ein Holzkreuz. Ein großes Kreuz, wie es sie überall in Bayern gibt, mit einem sterbenden Jesus daraufgenagelt.

Wie ähnlich wir uns in diesem Moment sind! Mit schmerzverzerrtem Antlitz blickt er, Jesus, auf mich herab, während ich, ebenfalls mit schmerzverzerrtem Gesicht, zu ihm aufblicke … Ich nehme all meinen Glauben zusammen und mir die Frechheit, ihn in diesem Moment um Hilfe anzuflehen.

„Jesus, ich weiß, ich habe alles falsch gemacht. Aber bitte, nimm diesen Schmerz von meiner Brust – bitte! Nur zehn Minuten … ich will meine Familie wiedersehen! Ich will meinen Sohn noch einmal sehen. Ich will nicht sterben … nicht so. Ich habe nie groß für mich um etwas gebeten. Schenk mir nur zehn Minuten! Bitte … nur zehn Minuten!“ Wir blicken uns noch einen Moment an. Dann sacke ich zusammen.

Plötzlich geht alles ganz schnell … Der Druck auf meiner Brust beginnt sich zu lösen. Ich atme, ziehe die Luft tief in meinen Brustkorb. Das ist das Zeichen. Ungefähr fünf bis zehn Minuten sind seit dem Infarkt vergangen. Keine Zeit mehr für einen Rettungswagen. Zündschlüssel umdrehen, aufs Gaspedal treten. Ich bin wieder auf der Autobahn. Ich will leben oder sterben. Aber ich will es selbst in der Hand haben. Mein Glaube gibt mir die Kraft, dies zu entscheiden und zu handeln. Also handle ich. Zehn Minuten habe ich geschenkt bekommen – nicht mein Leben, nur zehn Minuten. Mach was draus!

9

Benommen blicke ich hoch. Ich kann
schemenhafte Umrisse von Personen erkennen.
Ich spüre Arme, die unter meine Achseln greifen.

Mancher denkt, in so einer Situation würde das vergangene Leben an einem vorbeiziehen. Bei mir ist das nicht so. Was an mir vorbeizieht, ist ein Urlauberauto mit Wohnwagen, dessen Fahrer mich wütend anstarrt. Denn um niemanden zu gefährden, fahre ich sehr langsam und sehr weit rechts auf der Fahrbahn.

Ich tippe die Wahlwiederholung meines Telefons.

„Na endlich, was ist los?“

„Komm zum Park+Ride-Parkplatz Landsberg Ost! Schnell!“

„Gut …“

Klick.

Es sind nur 10 oder 15 Kilometer. Doch die Fahrt zieht sich wie eine Ewigkeit. Der Druck presst meine Brust immer noch zusammen, aber ich kann einigermaßen atmen. Ich bin mit Adrenalin vollgepumpt. Es kommt jetzt alles nur auf meinen Willen an, das spüre ich. Und darauf, dass mich meine Frau schnell findet.

Wie sie mir später erzählen wird, war sie gerade mit einer Bekannten und unserem Hund im Wald beim Spazieren. Normalerweise nimmt sie kein Telefon mit. Bereits nach meinem ersten Anruf schlug ihre Begleiterin vor, gleich zurück Richtung Auto zu laufen. Als dann mein zweiter Anruf folgte, dauerte es nur Minuten, bis die beiden mit dem Auto in meine Richtung jagen konnten.

Ich bin inzwischen auf dem Parkplatz angekommen. Wie besoffen stoße ich die Fahrertür auf und hänge ein Bein nach draußen. Es fängt an zu regnen. Die Blicke des sterbenden Jesus am Kreuz haben sich in mein Gehirn gebrannt. Ihm habe ich die außerordentliche Kraft zu verdanken, dass ich es bis hierher geschafft habe.

Doch jetzt nimmt der Druck in der Brust wieder zu. Diesmal langsam, aber stetig und mit mehr Kraft. Ich sinke in mich zusammen. Wenigstens meine Frau werde ich noch einmal sehen, denke ich mir. Aber meinen Sohn nicht, dieser Schmerz ist höllisch. Tränen rinnen mir weiter übers Gesicht, um dann auf mein Hemd zu tropfen.

Meine Luft wird knapper, ich atme nur noch sehr flach. Hat alles nichts genützt? Ist es doch zu spät? Ich spüre, wie meine Kleidung durchnässt ist – vom Regen, vom Schweiß und von der Angst. Zehn geschenkte Minuten – die sind nun vorbei.

Da höre ich das Knirschen schneller Reifen auf Kies. Wenn es wirklich Engel gibt, dann sind sie blond und fahren BMW. Die beiden Frauen schleppen mich auf die Beifahrerseite und kurz darauf setzt sich meine Frau ans Steuer. „Viel Glück!", höre ich den anderen Engel noch rufen. Dann geht die Fahrt auf Leben und Tod weiter. Finale.

Es ist nicht weit ins Landsberger Krankenhaus. Nach kurzer Zeit biegen wir mit quietschenden Reifen in die Einfahrt der Notaufnahme.

Meine Frau, die in einem Krankenhaus arbeitet, weiß, was zu tun ist. Sie stützt mich. An der Notaufnahme steht eine kleine Menschenschlange.

„Herzinfarkt!“, brüllt sie laut in die Menge. Und dann nehmen die Dinge ihren Lauf. Es dauert nur Sekunden, da liege ich schon halbnackt auf einer Liege. Schläuche und Kabel werden an mir befestigt. Ein ganzes Team von Ärzten und Schwestern rennt um mich herum. So viele Menschen – nur wegen mir, denke ich. Dauernd versucht irgendjemand, mit mir zu reden. Doch was gesagt wird, höre ich nicht. Es ist so, als wären meine Ohren voller Wattebäusche.

Meine Frau hält mir die Hand. Wir weinen.

Ich habe an diesem 28. Juli 2011 zum ersten Mal bewusst mein Leben in die Hand genommen. Das ist mir in dem Moment, in dem ich das Auto startete und zurück auf die Autobahn fuhr, klar geworden. Wäre ich im Auto sitzen geblieben und hätte einen Rettungswagen gerufen, wäre dies formell die richtige Entscheidung gewesen. Aber nicht für mich. Die Bushaltestelle bei Schöffelding wäre meine Endstation gewesen. Weil ich endlich aktiv geworden bin, habe ich es geschafft.

Bis hierher.

10

Es gibt Momente, da wünscht man sich, dass es nur ein Traum ist. Dann wieder gibt es Träume, in denen man sich wünscht, schnell aufzuwachen. Am schlimmsten aber sind die Momente, in denen man nicht weiß: Ist es echt oder alles nur ein böser Traum?

Donnerstag, 28. Juli, in den Abendstunden

Ich blicke verstört um mich. Hektisches Treiben an Maschinen. Eine Diagnose wird mir zugerufen: „Sie haben einen schweren Herzinfarkt!" Kurze Zeit später bin ich auf der Intensivstation. Schläuche rein, Blut raus, Infusionen rein. Mund auf – jemand sprüht mir etwas in den Rachen. Eine gefühlte Hundertschaft ist damit beschäftigt, mein Blut zu verdünnen, meinen Puls runterzubekommen, meinen Kreislauf zu stabilisieren und mich am Leben zu erhalten. Auch ich kämpfe, versuche wach zu bleiben und spreche leise meinem Herz zu: „Du schaffst das! Gib nicht auf!"

Der unsichtbare Griff, der mein Herz umklammert, lässt langsam nach. Wieder wird mir etwas in den Mund gesprüht. Ich spüre Stiche im Arm. Dann wird mein Blut innerlich heiß. Es scheint zu kochen. Um Gottes willen, was ist nur los mit mir?

Ich weiß nicht, wie lange sie um mich gekämpft haben. Aber es muss ein sehr langer Kampf gewesen sein. Draußen hat sich längst die Nacht über das Krankenhaus gelegt. Mit den Worten „Wir haben ihn so weit im Griff" beruhigen die Ärzte, selbst alle schweißgebadet, meine Frau. Kurz vor Mitternacht verlässt sie die Klinik.

Leider haben sie mich nicht im Griff. Irgendwann in der Nacht katapultiert mich plötzlich etwas Richtung Zimmerdecke. Mein Brustkorb schlägt immer wieder wild nach oben. Ich habe Angst, aus dem Bett zu fallen. Mein Gott, was ist das? Irgendwas will da raus!

Es ist mein Herz. Mit unglaublicher Wucht schlägt es wütend wie ein gefangenes Tier gegen meinen Brustkorb. Die Schwester, die an meinem Bett Wache hält, läutet Alarm. Tränen laufen mir wieder die Wangen hinunter.

Infusionen, Spritzen, Spray, EKG, Puls … Es dauert wieder eine ganze Ewigkeit, bis sie dieses wilde Tier in mir gezähmt haben. Ich spüre wieder einen normalen Herzschlag … bummbumm, bummbumm, bummbumm … Ich lausche und höre in mich hinein.

Als mich die schwarze Nacht langsam loslässt und sich draußen in das frische Blau eines neuen Morgens verwandelt, bin ich erleichtert – ich habe überlebt. Meine Brust tut nicht mehr weh, mein Herz schlägt wie gewohnt. Ich fühle mich … ich weiß nicht, wie ich mich fühle. Lebend irgendwie, aber bescheiden. Auf Sparflamme. Deshalb lasse ich alles willenlos mit mir geschehen. Es ist fast so, als wäre ich selbst beim Geschehen gar nicht dabei. Trotzdem rede ich mir ein, dass dies alles nur eine kurze Unterbrechung meines Lebens ist.

Ein Arzt blickt mir ins Gesicht: „Sie hatten gestern einen sehr schweren Herzinfarkt. Sie hatten unheimliches Glück. Normalerweise wären Sie tot. Irgendwas hat Sie am Leben gehalten. Wir konnten Ihr Blut so weit verdünnen, dass die Gefahr zunächst gebannt war. Aber in der Nacht hat Ihr Herz noch einmal rebelliert. Sie müssen deshalb schnellstens in eine Herzkatheter-Abteilung. Ein Notfallwagen wird Sie nach München-Großhadern fahren. Ihre Frau informieren wir."

Peng … das sitzt. Nun ja, denke ich mir kleinlaut, sicher ist sicher. Der Schock vom Vortag steckt mir immer noch in den Gliedern.

Im Schwebezustand zwischen Leben und Tod, winke ich meiner Frau aus dem Intensiv-Rettungswagen mit einem gequälten Lächeln zu, bevor sich die Türen schließen und die Reise ins 60 Kilometer entfernte München losgeht.

Neben meiner Liege haben ein Rettungssanitäter und ein Notarzt Platz genommen. Ein Radio läuft. „Danke" – das Lied der Fantastischen Vier. Was für ein Wink mit dem Zaunpfahl! Ich muss lachen. Der begleitende Notarzt und sein Assistent blicken mich fragend an.

„Können Sie das lauter machen, bitte?", bitte ich den Mann in Weiß.

„Klar...", antwortet der Arzt immer noch verwirrt.

„Wissen Sie... gestern saß ich noch ganz wichtig im Anzug bei Kunden, und jetzt... jetzt lieg ich hier – halbnackt, verkabelt und mit Schläuchen in den Venen." Ich lache und überlege dabei, wem ich vielleicht noch Danke sagen möchte. Da wären schon ein paar Leute. Vor allem meine Familie. Naja, momentan sieht es danach aus, dass mir noch jede Menge Zeit zum Bedanken bleibt.

11

Herzlich willkommen im Klinikum der
Ludwig-Maximilians-Universität München.
Das Klinikum der LMU ist ein Zentrum der
Hochleistungsmedizin, der Innovation und
des medizinisch-technischen Fortschritts,
in dem gleichzeitig das Gefühl von individueller
Betreuung, Geborgenheit und Vertrauen zu spüren
ist.

Information auf der Webseite des Klinikums Großhadern

Freitag, 29. Juli

Die Tür des Rettungswagens öffnet sich. Ich habe schon viel über das Klinikum gehört, zu sehen bekomme ich kaum etwas. Nur einen Flur, einen Aufzug und dann die Intensivstation. Dort werde ich umgebettet und an diverse Geräte angeschlossen. Der Chef der Intensiv stellt sich kurz vor, ich lerne die Schwester kennen und unterschreibe blind diverse Blätter. Alle sehr freundlich, denke ich mir, bevor es dann still um mich wird. Ich bin mit meinen Gedanken allein: Ich habe keine Ahnung, wie es nun weitergeht. Ist alles schon überstanden? Kommt da noch was? Außer warten kann ich nichts tun – die anderen sind am Zug.

Ich blicke mich um: Die Station besteht aus einem langen Flur mit Räumen auf beiden Seiten. Ich liege in dem Zimmer am Kopfende. Die Tür ist geöffnet und von meinem Bett aus habe ich direkte Sicht auf den Flur. Und jeder, der den Flur entlanggeht, hat direkte Sicht auf mich. Es ist warm. Viel zu warm. Ich zerre an meinem verschwitzten Krankenhauskittel und lege ihn ans Fußende. Jetzt habe ich nur noch meine Shorts an. Im Nachhinein weiß ich, dass dies der Zeitpunkt ist, an dem ich beginne, meine Scham zu verlieren.

Links von mir steht ein weiteres Bett. Darin liegt jemand. Ich kann ihn aber nicht sehen, ein Vorhang trennt uns voneinander. Nur die vielen Geräte um das Bett verraten mir, dass es auch dort jemandem schlecht geht.

Wahrscheinlich kann derjenige Gedanken lesen … „Servus, was ham Sie?“, fragt eine mürrische Männerstimme in Münchner Dialekt.

„Herzinfarkt.“

„Ich auch. Hob die Waschmaschin in nen fünften Stock trogn. No hob i schlecht gschlofa. Und der Ortz hot gmoant, des wär a Herzinfarkt. Und bei Eahna?“

„Ich war im Auto unterwegs und da hat es mich erwischt. Ist aber alles gut gegangen. Ich bin jetzt nur noch hier, weil sie in der Herzkatheter-Abteilung sicher gehen wollen, dass alles wieder gut ist.“

„Im Herzkatheter wor i heut in der Früh scho drin.“

Mein Apfelfon klingelt. Es ist meine Frau. Sie will heute Abend mit meinem Sohn kommen. Jetzt ist die Welt für mich wieder in Ordnung. Seit dem Unglück habe ich gehofft und gebetet, dass ich meinen Sohn wiedersehen darf – wenigstens noch einmal. Nun werde ich mein Kind in die Arme nehmen können. Mehr will ich momentan gar nicht. Alles wird gut. Ich schätze, dass ich noch zwei bis drei Tage zur Beobachtung im Krankenhaus bleiben muss. Gute Aussichten, finde ich. Erschöpft schlafe ich ein.

12

Arme Sau, denke ich mir, er hat echt die Arschkarte gezogen.

Als ich aufwache, ist das Zimmer voller Ärzte. Sie stehen um das Bett meines Zimmerkollegen. Ich bekomme nur seine Sprachlosigkeit mit und lausche den Worten des Chefarztes: „Wir kommen um eine Bypass-Operation bei Ihnen leider nicht herum. Da Sie einen Hinterwandinfarkt hatten, müssen wir Ihr Herz stilllegen, während Sie von der Herz-Lungen-Maschine versorgt werden. Hierzu wird dann Ihr Brustkorb geöffnet."

Hierzu wird dann Ihr Brustkorb geöffnet.

Hierzu wird dann Ihr Brustkorb geöffnet.

Die Worte hämmern in meinem Kopf. In seiner Haut möchte ich nicht stecken, denke ich. Das Zimmer leert sich wieder. Der Vorhang trennt uns zwar, aber ich kann mir vorstellen, wie es in ihm aussieht. Totenstille liegt über dem Raum.

Dann kommt der Chef der Station mit einer Schwester. Mit ruhigen Worten versuchen sie, den anderen zu beruhigen: „Normaler Eingriff", „Standard", „Routine", „täglich", „Überlebenschance" und „Heilung" höre ich als Wortfetzen, die sich in mir zu einem Knäuel zusammenballen. Ganz genau wird die OP geschildert. Ich bin froh, nicht in seiner Situation zu sein. Oder bin ich es doch? Nein … schüttle ich mein Unbehagen ab. Mir geht es doch wieder gut! Außerdem müsste ich jetzt erstmal auf die Toilette.

„Schwester, wo sind denn hier die Toiletten?"

„Auf einer Intensiv gibt es keine Toiletten. Ich bring Ihnen die Schüssel."

„Gut, wo finde ich dann die Toiletten?"

„Ich sagte doch, dass es keine gibt."

„Aber wofür bringen Sie mir dann die Schlüssel?"

„Ich sagte nicht Schlüssel – ich sagte Schüssel!"

Rumms, das sitzt. Ich will keine Schüssel. Ich will auf eine normale Toilette.

„Sie wären nicht der Erste, den es dann umhaut …“, ruft sie mir durch die offene Tür zu.

Kurze Zeit später taucht sie mit einem metallenen Gegenstand auf.

„Hier.“

„Nö.“

„Was, nö?“

„Ich muss nicht!“

„Sie haben doch gesagt, Sie müssten aufs Klo …“

„Ja, muss ich auch. Aber ich muss nicht auf ’ne Schüssel.“

„Meinetwegen, ich lass sie Ihnen da.“

„Die können Sie wieder mitnehmen. Ich benötige sie nicht.“

„Na, irgendwann sind Sie froh darum“, lacht sie voll Schadenfreude.

„Irgendwann? Ich bin gleich im Herzkatheter und dann eh bald zuhause!“

„Soso … warten Sie erstmal ab.“

„Ich gehe auf eine richtige Toilette oder gar nicht!“

„Jaja …“

Sie nimmt mich nicht ernst, so scheint es mir. Egal … mal sehen, wer mehr Geduld hat. Ich starre an die Decke und lausche den Geräten um mich herum. Im Flur geht eine Tür auf und eine neue Pflegerin betritt den Laufsteg der Station. Blond und ebenfalls hübsch … sehr hübsch. Nicht, dass dies in meiner Situation irgendeine Rolle spielt, aber vielleicht ist es für die Genesung von Vorteil.

„Guten Tag, ich bin Schwester Iris. Ich nehme Ihnen ein bisschen Blut ab.“

„Schwester Iris, wissen Sie, dass Sie sehr schöne Augen haben?“

„Oh, danke! Aber sparen Sie sich das. Bei mir dürfen Sie nämlich auch nicht zur Toilette.“

13

Als Nahbegegnung der dritten Art (engl. close encounter of the third kind, kurz CE-3) bezeichnen Ufologen eine direkte Kontaktaufnahme zwischen einem Menschen und einem UFO-Insassen.

Wikipedia

29. Juli, mittags

Da liege ich nun. Auf einem glatten kalten Tisch aus Metall. Mitten in einer monströsen und finsteren Raumarchitektur. Großbildschirme an den Wänden, blinkende Lichter, glänzende Wände und seltsam gekleidete Humanoide. Ich bin in einem UFO gefangen. Als Versuchsobjekt für Außerirdische werde ich nun seziert und untersucht. Roswell? Area 51? Ich weiß es nicht, hoffe nur, dass alles schnell geht.

Wieso habe ich von der Entführung nichts mitbekommen? Eben noch war ich auf der Intensivstation in Großhadern. Mein urbayrischer Bettnachbar war nach seiner Diagnose am Boden zerstört und wollte am liebsten gleich sterben. Dann kamen Pfleger herein und hoben mich mit all meinen Plastikschläuchen auf ein anderes Bett. Für einen kurzen Moment wurde mir schwindlig. Genau da muss der Austausch stattgefunden haben. Und nun befinde ich mich im Bauch eines riesigen Forschungsschiffs außerirdischer Späher.

Mit ihrer humanoiden Form gleichen sie unserer Spezies. Allerdings fällt mir auf, dass sie sich durch Glaswände und Bleimäntel vor mir schützen. Ein gespenstisches Szenario! Die kalte Platte unter mir hebt sich in die Höhe, ein Apparat wird über meinem Brustkorb platziert – alles automatisch, wie von Geisterhand. Kein Wunder, dass es mich fröstelt.

Dann kommt eines der Wesen auf mich zu – in eine gelbe Schürze gekleidet. Dem Gang nach, forsch und selbstsicher, ist dies ihr

Anführer. Hinter seiner Maske blickt er mich an: „Sie wissen, was ein Herzkatheter ist?"

Ich stutze.

„Wir werden gleich einen Zugang über Ihre Leiste legen. Das tut nicht weh, Sie werden vorher örtlich betäubt. Dann werde ich mit diesem Teil in Ihrem Herzen nachsehen. Sie können das Ganze auf den Monitoren zu Ihrer Linken verfolgen."

Wow, denke ich. Popcorn-Kino vom Feinsten. 4D sozusagen. Außerirdische fummeln mir im Herz herum. Okay … Let's get ready to rumble!

Die Spritze spüre ich kaum. Ich blicke nach links auf einen der großen Monitore. Ich sehe plötzlich mein Herz auf den Bildschirmen. Ich weiß nicht warum, aber ich erkenne es … ich sehe auch die ganzen Gefäße – alles in Schwarz-Weiß. Ich liebe Schwarz-Weiß-Fernsehen. Früher schaute ich oft die alten „Flash Gordon"-Filme. Schwarz-Weiß-Fotos mag ich auch sehr, schließlich habe ich Fotograf gelernt. Naja, Reproduktionsfotograf, um ehrlich zu sein. Die Bilder auf dem Monitor erinnern mich daran.

Kontrastmittel wird eingespritzt und verteilt sich in den feinen Verästelungen meiner Herzkranzgefäße, stockt kurz und fließt wieder weiter. Der Commander macht sich weiter in meiner Leiste zu schaffen, erneut schießt dunkle Kontrastflüssigkeit durch meine Blutgefäße bis in die Verzweigungen. So geht das ein paarmal. Ich spüre nichts, und trotzdem tut es weh, mit anzusehen, wie ein Fremder in meinem Körper rührt.

Dass jemand in meinem eigenen Herz herumfummelt, ist ein schwer zu beschreibendes und auch schwer zu ertragendes Gefühl. In dem Moment, in dem jeder im Raum in meine geheimsten Winkel schauen kann, verliere ich meine Unversehrtheit, meine innerste Unschuld. Ich verliere alles, was mich körperlich als Menschen ausmacht. Und ich bin auch noch live dabei. Mich schaudert.

Plötzlich stockt die Flüssigkeit in einem der großen Äste. Das Wesen stochert weiter in meiner Leiste. Nichts tut sich. Die Flüssigkeit scheint gefroren zu sein. Ich kann vor Spannung nicht mehr atmen.

Die ganze Prozedur kommt zum Stillstand … Die gelbe Schürze weht davon und nimmt bei einer Reihe weiterer Monitore hinter einer Glasscheibe Platz. Ich sehe den Schatten des Arztes hinter dem glänzenden Glas, wie er sich das Kinn reibt und immer wieder den Kopf schüttelt. Er diktiert jemandem, den ich nicht sehen kann. Dann taucht er wieder auf. Das Prozedere beginnt von vorn … mit dem gleichen Resultat. Wieder verlässt er den Raum. Hinter der Glasscheibe sehe ich abermals, wie er seinen Kopf schüttelt.

Übrigens: Das mit den Aliens ist kein Witz! Als ich damals in der Herzkatheter-Abteilung untersucht wurde, war ich wirklich desorientiert und wohl nicht ganz klar im Kopf. Wie aus tausend Meilen Entfernung schaute ich auf mich hinunter und beobachtete merkwürdig distanziert, was da mit mir angestellt wurde. Erst als ich sehe, wie derjenige, der mir eine Sonde ins Herz geschoben hat, ein zweites Mal hinter der Glasscheibe sitzt und abermals mit dem Kopf schüttelt, beginne ich zu ahnen: Dies ist kein Film. Auch kein Checkup, bevor ich morgen wieder entlassen werde. Die Sache fängt jetzt erst richtig an! Ich fühle mich plötzlich allein … unendlich allein.

14

Wäre dies wirklich ein UFO, stürzte ich nun viele
tausend Kilometer auf die Erde hinunter.
Mit einem dumpfen Knall schlage ich auf kaltem
Asphalt auf und zerspringe in Millionen Partikel,
während eine riesige feinstaubige Wolke aus
Blut aufwallt, um in schweren roten Tropfen als
Niederschlag wieder auf die Erde zu fallen.

Die Tränen laufen mir links und rechts die Wangen hinunter, um mich verschwimmt alles zu einer wabernden Masse. Wie aus dem Nichts tritt eine Schwester auf mich zu. Sie streichelt mich am Kopf und tupft behutsam mit einem weißen Tuch die Tränen aus meinem Gesicht. Die Frau verschwindet so geheimnisvoll und schemenhaft wieder im Dunkel, wie sie gekommen ist. Ist die Frau überhaupt eine Schwester? Gibt es sie wirklich?

Plötzlich taucht der Professor wieder auf. Beinahe andächtig nimmt er seine Brille ab und verschränkt seine Arme vor seiner Brust: „Tja … ich weiß nicht, was ich sagen soll", seine Miene verzieht sich noch besorgter, als sie sowieso schon wirkt. „Sie sind ein junger Mensch …", Pause – Pause – Pause, „… mit einer schweren Diagnose!"

Der Tisch unter mir scheint nachzugeben.

„Ich konnte Ihren akuten Infarkt auflösen. Aber …"

Wie ich dieses Wort hasse: Aber …

„Aber … Sie hatten schon einmal einen Herzinfarkt. Wann genau, kann ich Ihnen nicht sagen … Wochen, Monate …? Das Gewebe Ihres Herzens ist zu einem großen Teil schon abgestorben. Sie ahnen nicht, wie viel Glück Sie im Unglück hatten. Irgendetwas hat Sie am Leben gehalten. Sie müssten tot sein. Ihre Gefäße kann ich aber nun nicht mehr öffnen. Um eine Herzoperation kommen wir nicht herum!"

Eine große Leere breitet sich in mir aus, drückt mein Gehirn an die Schädeldecke. Die letzte Träne tropft auf die kalte Unterlage und gefriert unter mir. Der Raum färbt sich in hellblaues Eis und mir scheint, als beginne es zu schneien. Innerhalb kürzester Zeit liege ich unter einer dichten Schneedecke und kristallisiere mit den Elementen um mich herum, dann wird es still. Totenstill. Nur langsam erwacht mein Bewusstsein: Das hier ist kein Spiel, kein kleiner Zwischenfall, und ich … ich bin definitiv nicht Flash Gordon.

Der Herzinfarkt war nur der letzte der vielen Boten, auf die ich in den letzten Jahren nicht hatte hören wollen: die Müdigkeit, die Lustlosigkeit, die stechenden Schmerzen … Nun ist der Zeitpunkt der Quittung gekommen. Mein Hirn löst sich wieder von der Schädelwand wie ein alter Kaugummi vom Schuh und tropft in eine Ecke meines Inneren.

Natürlich wissen wir Menschen, dass wir irgendwann sterben müssen – irgendwann. Aber „irgendwann" ist so weit weg, als liefe es vor uns her und wir würden es nie einholen. Der Tod ist kein Thema. Und dann plötzlich geschieht etwas, und du merkst, dass der Tod nicht vor dir herläuft, sondern dass er dich irgendwann einholt. Dann wird er plötzlich zu deinem einzigen Thema … Von Null auf Hundert sozusagen.

Ich stehe nun an einem Wendepunkt in meinem Leben. Dies wird mir in aller Härte bewusst. Ich, Oliver, habe mit meinem einzigen Leben gespielt und habe es beinahe verloren. Ich habe es reinem Glück zu verdanken, dass ich nun nicht ins Krematorium geschoben werde, sondern zurück auf meine Intensivstation.

Die Pflegerin sortiert meine Schläuche und Kabel, als ich wieder in meinem Krankenbett liege.

„Ziehen Sie bitte den Vorhang zurück!", bitte ich sie.

Mit einer Handbewegung schiebt sie den Vorhang beiseite, der meinen Bettnachbarn von mir trennt. Mit dieser Handbewegung wird die Privatsphäre zweier Menschen weggewischt. Ich blicke hinüber zu meinem Leidensgenossen.

„Ich heiße Oliver, und du?"

Er dreht seinen Kopf in meine Richtung und blickt mich mit leeren Augen an.

„Karl!"

15

Galgenhumor übt oder besitzt, wer in einer für ihn nachteiligen, bedrohlichen oder ausweglosen Situation ein komisches Element findet (...). Wikipedia

29. Juli, abends

Karl und ich schweigen für den Rest des Tages. Jeder ist für sich in seinen Gedanken gefangen. Alle drehen sich um eine Tatsache: Unser Herz wird in Kürze für ein paar Stunden abgeschaltet.

Versunken in meinen Überlegungen bemerke ich gar nicht, dass die Türe aufgeht und mein Sohn plötzlich neben mir steht. Geschafft!, denke ich in diesem Moment einfach nur und drücke ihn ganz fest an mich. Endlich kann ich ihn in meine Arme nehmen. Mein größter Wunsch ist mir erfüllt worden.

Heute haben die Sommerferien begonnen. Wie so ein dreizehnjähriger Junge ist, gibt es für ihn auf der Intensivstation viel Technisches zu entdecken. Meine Frau erklärt ihm die Geräte, die um mich herum aufgebaut sind. Ich wende mich lieber gleich dem praktischen Teil zu und zeige ihm stolz mein automatisches Bett. Er legt sich zu mir und wir fahren beide einmal hoch, gefühlt bis kurz unter die Decke. Mir wird richtig schwindelig. Abgesehen vom Spaß, den das macht – ich bin überrascht, was dieser kleine Perspektivwechsel in mir bewirkt: Einen Moment lang fühle ich mich nicht mehr ausgeliefert. Ich merke: Ich kann es schaffen! Ich will kämpfen!

Wenn du geschwächt daliegst, schauen alle auf dich runter. Ob du willst oder nicht: Du fühlst dich klein und machtlos. Also raus aus der Froschperspektive! Das ruft dir in Erinnerung, dass du kein Lurch bist. Solltest du die Gelegenheit haben, mit einem Krankenhausbett bis ans Limit zu fahren, dann tu das! Für alle anderen, die erfahren möchten, wie wichtig ein Wechsel der Perspektive sein kann, empfehle ich den Film „Der Club der toten Dichter“.

Ich erkläre meiner Frau in verschlüsselter Sprache, was der Arzt gesagt hat, der Junge soll das alles ja nicht so direkt mitbekommen. Sie nimmt es gefasst auf. Noch klingt alles sehr abstrakt. Bald darauf werden beide von einer Schwester wieder aus dem Zimmer komplimentiert.

Es ist total verrückt: Nie in meinem Leben fühlte ich mich so gut und heiter wie an den Tagen vor der OP – schließlich habe ich es bis hierher geschafft.

Karl lässt sich anstecken. Wir erzählen uns Witze, machen Blödsinn und nerven unsere Schwestern. Einmal klaue ich mir Mullbinde und Pflaster vom Tablett und verbinde meinen Kopf.

Idealerweise kommt eine neue Schwester um die Ecke gebogen.

„Warum liege ich hier bei den Herzpatienten?"

„Na, Sie hatten doch 'nen Herzinfarkt!"

„Sie verwechseln mich. Ich hab 'nen Dachschaden!"

Jetzt erst blickt mich die Schwester an und entdeckt meinen Kopfverband.

„Mein Gott, was ist mit Ihnen passiert?"

„Sag ich doch, ich hab 'nen Dachschaden. Bin aus dem Bett gefallen."

Karl und ich prusten los. So vergeht die Zeit auf der Intensiv wie im Fluge.

Meiner Familie ist meine fröhliche Ausgelassenheit suspekt. So richtig abkaufen will mir das keiner. Aber es ist wirklich so: Ich bin wie befreit. Noch nie war meine Zukunft, mein Leben, so klar strukturiert. Alles ist nun einfach, die Last, Entscheidungen treffen zu müssen, zu organisieren und verantwortlich zu sein, ist von mir abgefallen. Es fühlt sich an wie Urlaub.

Ich werde bald am Herzen operiert. Da gibt es im Prinzip nur zwei Möglichkeiten:

1. Die OP geht schief und ich sterbe, ohne es zu merken.

2. Die OP gelingt und ich werde mit einer zweiten Chance neu geboren.

Gut, dass ich erst Monate später durch einen Bekannten erfahre, dass es noch eine dritte Möglichkeit gibt. Dessen bester Freund hatte zeitgleich mit mir einen Herzinfarkt. Durch die Herz-Lungen-Maschine bekam er Keime in den Körper und musste in ein künstliches Koma versetzt werden.

Erholt hat er sich nie mehr, er starb ein paar Monate später qualvoll an den Folgen.

Für mich ist die Welt vor dem Tag X in Ordnung. Karl und ich haben unseren Spaß. Und der ist bekanntlich gesund.

Da Karl wie ich ebenfalls Motorrad fährt, eine Kawasaki, fertige ich mit Hilfe von Kleber und Stift neue Namensschilder für unsere Betten. Ab jetzt sind wir sind nicht mehr nur eine Krankenhausnummer oder gar „das Herz auf Intensiv". Wir sind KAWA-KARL und HARLEY-OLLIE.

Am Sonntagabend beendet die Pflegerin unseren Totentanz. OP-Termin für Karl gleich morgen früh.

Es wird still im Zimmer.

16

An Schlaf ist nicht zu denken. Stattdessen freue ich mich für Karl. Er wird es nun bald hinter sich haben.

Montag, 1. August, 4 Uhr

Grelles Licht zwängt sich in den schmalen Spalt zwischen meinen Augenlidern. Hektische Geräusche drängen in meine Ohren. Nur langsam öffne ich meine Augen, blinzle. Es ist heller als sonst, das Zimmer hat eine andere Aura bekommen. Der Vorhang zwischen Karl und mir ist wieder zugezogen, der Raum erneut in zwei Hälften getrennt.

Auf meiner Seite ist es ruhig, drüben sind alle beschäftigt. Wie in der Formel 1 die Techniker und Mechaniker stehen Schwestern um Karls Bett und bereiten den Piloten auf sein Rennen vor. Oder wäre der Vergleich mit einem Opferlamm und der Schlachtbank besser? Mein Bettnachbar gibt keinen Ton von sich. Die Betriebsamkeit an diesem Morgen ist gespenstisch. Unruhe liegt spürbar in der Luft. Ich hätte nicht gedacht, dass auch das Intensivpersonal nervös sein kann.

5 Uhr. Noch immer werden Geräte um- und angesteckt. Aber das Gewusel im Raum lässt langsam nach, bis die Hektik dann irgendwann völlig zum Erliegen kommt. Dann sind Karl und ich plötzlich wieder allein im Raum.

„Alles klar bei dir, Karl?"

„Sie haben mir sogar die Arschhaare rasiert…"

Ich muss lauthals lachen.

Karl brummelt weiter:

„Die nehmen es schon sehr genau mit dem Rasieren."

„Haben Sie dir auch…?"

„Ja, alles!"

6:00 Uhr – das Zimmer bleibt ruhig.

6:30 Uhr – niemand in Sicht.

7:00 Uhr – Stille.

Irgendwann erscheint eine Schwester. Der OP-Termin sei verschoben, erklärt sie trocken und entschwindet wieder. Für Karl bricht eine Welt zusammen. Das ist gar nicht gut für sein Herz. Ich muss ihm helfen. Energisch drücke ich auf den Rufknopf an meinem Bett und kurz darauf steht auch schon die Schwester da. Ich frage nach dem Grund, warum der Termin so plötzlich geändert wurde.

„Heute Nacht kam ein Kind mit einem schweren Herzfehler auf die Welt. Es musste sofort operiert werden. Das dauerte bis zum Morgengrauen."

Es ist wieder ruhig im Zimmer.

„Siehste, Karl. Der Wurm ist kaum auf der Welt und steckt schon im Mist."

Karl entspannt sich.

„Außerdem bekommst du jetzt bestimmt nochmal den Hintern rasiert!"

„Du Depp!"

Wir lachen.

Allerdings erleidet unsere gute Laune an diesem Vormittag einen herben Rückschlag. Denn plötzlich geht die Betriebsamkeit an meinem Bett los. Nun werden *meine* Geräte umgestöpselt und Leitungen sowie Schläuche getrennt. Mobile Gerätschaften werden auf meinem Bett platziert.

„Sie werden verlegt", heißt es.

„Verlegt? Wieso? Wohin?"

„Wir verlegen Sie auf die Zwischenintensiv."

Mein Bett setzt sich in Bewegung.

„Moment, nicht so schnell, verdammt! Schieben Sie mich kurz zu Karl rüber … du, ich weiß jetzt nicht, was los ist. Aber wir sehen uns wieder. So oder so. Mach's gut, Karl! Ich wünsch dir viel Glück!"

Wir reichen uns die Hand und verharren einen Augenblick, jeder in Gedanken versunken. Dann setzt sich mein Bett wieder in Bewegung. Mein neues Zimmer hat vier Betten. Ich bin enttäuscht und will zurück zu Karl.

Den Grund für meine Verlegung habe ich nie erfahren. Vielleicht habe ich die Intensiv mit meiner guten Laune genervt. Vielleicht sollte ich auch nur eine „Hafterleichterung" bekommen.

Eine hübsche Schwester kommt zur Tür herein. „Guten Tag, ich bin Schwester Marion. Sie sind hier auf der Zwischen-Intensivstation. Ich bring Ihnen gleich 'ne Kleinigkeit zu essen. Und eine gute Nachricht habe ich für Sie … auf die Toilette dürfen Sie nun auch."

Das ist keine Zwischenintensiv, das ist der Himmel, freu ich mich.

„Wo sind denn die Toiletten?"

Schwester Marion lacht: „Die schieb ich Ihnen dann rein."

Rumms … Ich falle aus dem Himmel wieder auf den Boden der Tatsachen zurück.

„Sie werden übrigens morgen früh operiert."

Und weiter geht es im freien Fall … Vorbei mit dem Spaß. Jetzt wird es also ernst.

Aber eines schwöre ich mir in diesem Moment … an meine Arschhaare lass ich niemanden!

17

Ich will für den Extremfall vorbereitet sein.
Wie dumm von mir, dass ich nicht schon längst
meinen letzten Willen zu Papier gebracht habe!

Montag, 1. August, 11 Uhr

Im Laufe des Vormittags erfahre ich, dass meine drei Bettnachbarn alles Patienten mit Herzschrittmachern sind. Zwei alte Männer liegen laut schnarchend in ihren Betten. Der dritte, ein abgebrühter Stammgast, hält mir einen Vortrag über Cholesterin, Rotwein und Olivenöl. Mich nervt das enorm, das weiß ich doch alles auch. Wenn er so viel schlauer als ich ist, warum liegt er denn dann hier, genauso wie ich?

Halt doch deine Klappe, denk ich mir, so ein Besserwisser! Ich will wieder alleine sein. Ich will das alles überhaupt nicht. Ich bin jung … naja, jedenfalls zu jung für den Mist.

Die Tür öffnet sich plötzlich. Die Stationsschwester lächelt mich an: „Ihre Familie ist da!"

Gott sei Dank.

„Ich nehme Ihnen noch kurz Blut ab nebenbei."

Während mir meine Familie erzählt, was draußen in unserer kleinen Welt los ist, zapft mich die Krankenschwester an. Plötzlich hält sie inne und blickt meine Frau an: „Wissen Sie … ich bin schon lange in der Herzabteilung. Ich habe viele kommen und gehen sehen. Ich merke es, wenn für einen Menschen die Zeit abgelaufen ist. Ihr Mann … der packt es! Keine Angst, er lebt noch viele Jahre."

Im Raum ist es still.

„Das lag mir auf dem Herzen …", legt sie noch verlegen nach. Sie schnappt die Kanülen und das Tablett und huscht aus dem Zimmer. Immer noch Totenstille …

Dieser Satz hat uns Hoffnung gegeben. Und Kraft. Vertrauen. Auftrieb. Vielleicht hat er sogar in einem bestimmten Augenblick meine Waagschale entscheidend in Richtung „Leben" beeinflusst. Er hat sich uns eingeprägt als ein Symbol dafür, was ein wenig Aufmunterung und mitfühlende Zuwendung für einen Menschen bedeuten kann.

Der Nachmittag ist gefüllt mit Terminen. Professor, Narkosearzt, Operateur, Schwestern. Mir wird ausführlich erklärt, was geplant ist. Normalerweise werden für einen Bypass Venen aus der eigenen Wade entnommen. Da ich aber mit meinen 46 Jahren noch jung bin, soll ich eine haltbarere Lösung erhalten. Meine beiden Brustarterien werden aus der Brust geschält und direkt auf mein Herz genäht. So wäre dann wieder eine ausreichende Versorgung meines Körpers mit Blut gewährleistet … sollte der Plan gelingen.

Eine wirklich brauchbare Information bekomme ich noch von meinem Sohn: „Papa, die Vollnarkose ist so cool. Du schläfst ein und – zack – eine Sekunde später wachst du auf, und alles ist vorbei!"

„Echt?"

„Ja, Mann, voll krass! Die Achterbahn ist geil, die musst du dir reinziehen!"

„Mach ich, gleich morgen früh!"

Ich vertraue ihm. Als Kind hatte er mal eine OP. Das Erlebnis mit der Narkose hinterließ in ihm einen großen Eindruck. Also wird es bei mir auch so sein. Ich freue mich …

Es wird Abend. Mein Besuch ist gegangen. Die Verabschiedung war gezwungen normal. Jeder hatte den gleichen Gedanken im Hinterkopf: Es könnte der letzte Abschied sein. Ich bin noch in Gedanken versunken, als die Schwester wieder vor mir steht.

„Ich habe für Sie noch ein paar Tabletten und Wasser."

„Warum haben Sie das vorhin gesagt?“

„Was?“

„Dass ich noch viele Jahre lebe.“

„Nun … Sie sind jung, Sie sehen nicht aus wie ein Herzinfarktpatient. Sie haben so unglaublich viel Leben in den Augen.“

Ich denke nach … schlucke die Tabletten hinunter, während sie den Raum verlässt.

Verdammt, sie hat Recht. Ich will leben! Ich werde alles anders machen … gleich, wenn ich raus bin aus dem Krankenhaus. Ich werde nicht sterben. Sterben passt so gar nicht zu mir.

Das Schnarchen um mich herum setzt wieder ein. Vor mir auf meiner Ablage liegen ein Kugelschreiber und ein Blatt Papier, beides habe ich mir mittags von meiner Frau geben lassen. Ich fixiere das Papier eine Weile, dann greife ich zum Stift: „Testament von Oliver Gaw.“ Es dauert eine ganze Weile, bis ich all meine Gedanken und Wünsche auf dem kleinen Zettel untergebracht habe. Wie so viele andere Menschen denke ich erst im allerletzten Augenblick daran, meinen letzten Willen aufzuschreiben. Ich habe das Glück, das Versäumte nachholen zu können. Andere werden von einer Sekunde auf die andere aus dem Leben gerissen – und zwar final.

Wenn du noch kein Testament gemacht hast, dann setz dich noch heute hin und sorge für den Ernstfall vor! Solange du das handschriftlich tust und Ort, Datum und Unterschrift nicht vergisst, kannst du nicht viel verkehrt machen.

Mit der Unterschrift fällt mir ein Stein vom Herzen. Ich falte das Blatt und schiebe es in meinen Geldbeutel.

Jetzt, wo ich nichts mehr zu tun habe, geht mir endlich das Ungeheure der Situation auf: Mein Leben steht auf Messers Schneide. Morgen schon kann ich im Keller des Krankenhauses liegen – im Kühlraum.

18

„Warum weinst du?“
„Ich gehöre nicht hierher.“
„Warum nicht?“
„Ich sollte tot sein oder bei meiner Familie sein.
Hier bin ich in im Nirgendwo, in der Mitte.“

Montag, 1. August

Mittelwelt – den Begriff hörte ich zuerst als Kind zur Zeit des Vietnam-Kriegs. Ja, ich nahm daran teil. Wenn auch indirekt, aber doch sehr nah. Das kam so:

Meine Familie hat zum Teil amerikanische Wurzeln, davor angeblich schottische. Ein Großteil meiner Verwandtschaft besteht aus US-Bürgern. Und als solche dienten meine Onkels in Vietnam. Ulm, wo wir damals wohnten, war Garnisonsstadt der Amerikaner, und viele Soldaten verlebten dort ihre Kriegspausen. Heimaturlaub sozusagen für jene, auf die in den USA keine Verwandten und kein Zuhause warteten … auch nicht an Weihnachten.

Meine Eltern nahmen an einem Programm teil, das diesen jungen Soldaten menschliche Nähe vermitteln sollte: Sie luden sie ein, mit uns Weihnachten zu feiern. Ich war noch sehr klein, aber diese Weihnachtsabende habe ich nie vergessen. Die Augen derer, die das Grauen des Krieges erleben mussten, leuchteten heller als unsere Kinderaugen.

Einer war unter ihnen, der ziemlich gut deutsch sprach. Als wir dicht gedrängt in unserem kleinen Wohnzimmer neben dem Christbaum saßen, fing er fürchterlich an zu weinen. Ich wollte von ihm wissen, warum er weinte. Er erzählte mir, dass er sich wie in einer Mittelwelt gefangen fühle – weder tot noch am Leben. „Aber wir leben doch“, versuchte ich ihn aufzumuntern. Er war sich da nicht so sicher. Wochen später wurde er in Vietnam als verschollen gemeldet.

Damals habe ich nicht verstanden, was er meinte. Heute weiß ich aus eigener Erfahrung: Diese Mittelwelt gibt es wirklich. Es ist die Grauzone zwischen Leben und Tod. Vor dem Herzinfarkt war für mich sonnenklar: Du lebst – oder du bist tot. Dazwischen gibt es nichts. Die Grenze zwischen diesen beiden Zuständen berührst du nur einen Sekundenbruchteil lang – dann, wenn du stirbst. Ich hätte nie für möglich gehalten, dass du dazu verdammt sein kannst, dich Tage, Wochen, ja, sogar Jahre in dieser Mittelwelt aufhalten zu müssen. In einer Welt, in der du weder zu den Lebenden noch zu den Toten gehörst.

Ich selbst war mir monatelang nach meinem Herzinfarkt nicht sicher, wohin ich gehöre. Vom Kopf her war alles in Ordnung. Ich lebte, war dankbar, es ging mir gut, ich gestaltete mein neues Leben. Aber mein Unterbewusstsein war wie tot.

Ich bin in dieser Zeit oft auf Beerdigungen gewesen. Äußerlich war ich gesund, zweifellos lebendig. Aber ich war mir meiner Lebensgeister nicht sicher. Ich musste mich immer wieder vergewissern, dass ich lebe. Wirklich lebendig bin. Und das ging auf dem Friedhof am besten. Dann stand ich vor dem offenen Grab irgendeines mir wildfremden Menschen und konnte wie ein Mantra aufsagen: Der da unten ist tot – und ich lebe – der da unten ist tot – und ich lebe – der da unten ist tot – und ich lebe. Dann ging es mir wieder eine Weile besser, bis ich – wie ein Abhängiger, dem seine Droge ausgegangen ist – wieder zum Friedhof musste.

Was ich damals erlebt habe, war eine tiefe, vernichtende Verunsicherung, die mich in meinem Innersten erschüttert und mich als Menschen in Frage gestellt hat. Und wenn dann jemand zu dir sagt: „Jetzt reiß dich mal zusammen!“, dann ist das so, als würde er dir vorschlagen, eine Jahrhundertflut mit Wattebäuschchen zu bekämpfen.

In dieser grauen Zeit sprach ich einmal mit einem Herzchirurgen über dieses Thema. Das war ein hochangesehener Meister seines Fachs, der offenkundig seinen Beruf als Handwerk verstand. Und dieser ganz rational und wissenschaftlich denkende Mensch sagte mir: „Wissen Sie, Herr Gaw, wir haben doch nicht die geringste Ahnung, was die Tatsache, dass da einer sieben, acht Stunden ohne

Herz auf dem OP-Tisch liegt, mit dem anstellt. Physisch ist der dann vielleicht wieder gesund, aber wie es psychisch in ihm aussieht – da haben wir keine Vorstellung. Und ich will und darf es auch nicht haben, denn sonst könnte ich meinen Job nicht mehr machen."

Die Entwurzelung in der Mittelwelt macht dich fertig. Seine Heimat zu verlieren, zu einem Dasein als Flüchtling verdammt zu sein, ist etwas Furchtbares. Aber seine Selbstgewissheit zu verlieren, also seine Heimat in sich selbst, das ist kaum zu ertragen. Ich kann gut verstehen, dass manche Herzpatienten nach der OP in schwere Depressionen fallen und sich dann vor den Zug werfen. Es ist grauenhaft nachvollziehbar, dass einer, der sich weder zu den Lebenden noch zu den Toten gehörig fühlen kann, die Sicherheit sucht. Wenn dann der Zug auf ihn zurast, dann kann er sagen: „Jetzt endlich habe ich Sicherheit, jetzt weiß ich, wohin ich gehöre: zu den Toten."

19

Die Braut ist geschmückt für den besonderen Tag.

Dienstag, 1. August, abends

Wieder geht die Türe auf. Ein junger Pfleger strahlt herein. „Sie werden morgen operiert. Ich mache Ihnen einen Vorschlag: Normalerweise werden Sie morgen früh von den Schwestern am ganzen Körper rasiert. Ich kann Ihnen aber auch Rasierzeug bringen. Dann können Sie das in Ruhe alleine machen. Ich helfe Ihnen, wenn Sie möchten."

Ich freue mich: „Den Vorschlag nehme ich gerne an!"

„Gut, dann hole ich mal die Rasierer und Wasser."

Kaum ausgesprochen, legt er mir die Utensilien auch schon ans Bett. Gewissenhaft beginne ich mit den Armen und der Brust. Den ganzen Abend wird geschabt, gewischt und abgetrocknet.

Bei den Beinen geht mir die Kraft aus und der junge Pfleger erledigt den Rest. Entspannt lausche ich dem Gurgeln der Sauerstoffmaschine, fühle das Pumpen der Blutdruckmanschette und höre dem Schnarchkonzert zu.

Es ist ein intensiver Moment. Vielleicht bin ich nun zum letzten Mal allein mit meinen Gedanken. Vielleicht bin ich überhaupt zum letzten Mal Ich. In diesem Augenblick wird mir alles wichtig, was Leben im Grunde bedeutet: einfach nur da sein, existieren, sich spüren können. Ich atme den Sauerstoff aus den Schläuchen in meiner Nase tief in mich ein, fast so, als würde ich eine letzte Zigarette vor meiner Hinrichtung rauchen.

20

Sollte ich heute sterben, werde ich von dieser Welt gehen, wie ich gekommen bin – nackt in einem Krankenhaus.

Dienstag, 2. August, 4 Uhr

„Guten Morgen!“ Die Krankenschwester mit dem Lächeln schaut mich an. „Heute ist Ihr großer Tag! Sie werden nun für die OP vorbereitet. Ich wünsche Ihnen von Herzen alles Gute!“ Sie drückt mir die Hand.

Kann es sein, dass die Schwester weint? So plötzlich, wie sie dastand, so schnell ist sie wieder weg. Die Tür lässt sie offen. Wie bei einem Überfallkommando ergießt sich eine Gruppe Spezialisten in den Raum. Mein Herz klopft bis zum Hals – noch …

Ich werde wie ein Opferlamm vorbereitet. Neue Zugänge werden gelegt, es wird ab-, um- und wieder angestöpselt, während die Bettnachbarn schweigend dem Treiben zusehen. Alles läuft absolut geräuschlos ab – es ist eine gespenstische Szene. Tief in mir nimmt nun doch die Angst Besitz von meinem Körper. Was, wenn ich wirklich nicht mehr aufwache? Auf einmal schießen mir Bilder von allen Menschen, die mir nahestehen, durch den Kopf… meine Freunde, Kollegen, Kunden und natürlich meine Familie. Wie in einem Zeitraffer wechseln ihre Gesichter in meinem Kopf. Werde ich sie wiedersehen? Oder werde ich sterben?

Der Gedanke an meinen Tod lähmt sogar meine Angst. Vielleicht war ich ja schon öfters in meinem Leben dem Tod näher als in diesem Augenblick… ein Beinahe-Autounfall, ein Sturz. Wer weiß das schon. Aber noch nie blickte ich ihm so offen in sein Antlitz.

Ich bin umringt von Menschen und doch irgendwie allein. Ich erinnere mich an das Holzkreuz, das mir am vergangenen Donnerstag mein Leben gerettet hat. Nein, diesmal bitte ich nicht. Mehr Hilfe kann ich nicht erwarten.

Ich bekomme noch Gelegenheit, mein persönliches Hab und Gut in einem Beutel zu verstauen. Die Liste: ein Smartphone, ein Geldbeutel mit einem Testament darin, Waschzeug, Ladekabel und eine Motorradzeitschrift. Mit der Übergabe meiner Habseligkeiten ist es nun amtlich – den Menschen, der ins Klinikum eingeliefert wird, gibt es nicht mehr. Sollte der Beutel an meine Frau überreicht werden, bin ich tot. Sollte ich ihn aber wiedererhalten, beginnt ein neues Leben.

Mein Bett setzt sich in Bewegung. Los geht die Fahrt durch das riesige Krankenhaus, begleitet von drei Krankenschwestern. Es geht über Fahrstühle, um Ecken und durch lange Flure, vorbei an mitleidig dreinblickenden Krankenhausbesuchern, bis wir nach einer langen Fahrt unser Ziel erreichen. Final Destination. Wir reihen uns in eine Schlange von Betten vor der OP-Schleuse ein. Die Szene erinnert mich an die Schlange vor der Autowaschanlage an einem sonnigen Samstagmorgen im April.

„Wir sind auf Startposition 4!“, scherzt die eine Schwester, während die andere mir eine Pille reicht: „Hier, schlucken Sie diese. Dann wird Ihnen alles egal.“

Brav wie ich bin, schlucke ich das kleine Egal-mach-Teil. Still recke ich noch einmal triumphierend meine Faust in die Höhe und flüstere unter dem Rattern der Räder meines Bettes: „Und ich habe meine Arschhaare *nicht* rasiert!“

Wieder verschluckt die Schleuse ein Bett. Ich bin nun der Nächste. Ich starre auf das große Schleusentor, das wie ein riesiges, alles verschlingendes Maul wirkt, und versuche einen Gedanken zu fassen, aber es gelingt mir irgendwie nicht. Ich blicke meine Schwestern an. Hm, irgendwie echt egal!

Da öffnet sich plötzlich der Schlund der Herzchirurgie. Noch mehr Leute sind nun mit mir beschäftigt, alle Gesichter sind vermummt. Innerhalb kürzester Zeit werde ich nackt auf eine andere Unterlage gebettet. Wieder beginnt das Umstöpseln. Ich versuche, um mich zu blicken. Links entdecke ich ein breites Fenster. Dahinter sehe ich ebenfalls Menschen, die sich Hauben aufsetzen und Mundschutz anlegen. Oder ist es nur das Spiegelbild?

Mit allerletzter Kraft will ich dieser Welt nochmals zeigen, dass ich mich nicht unterkriegen lasse und erhebe meine Stimme: „Hey Sie! Ich möchte bitte drei Hamburger, Pommes und ’ne Cola mit fünf Strohhalmen für meine Freunde hier!“ Egal, denk ich mir noch.

Plötzlich wird es warm in mir, angenehm warm. Und dann wird es dunkel …

21

Manchmal geschehen Stunden in nur
einer Sekunde.

Als Zeit keine Bedeutung mehr hat

Es piepst. Ich reiße die Augen auf, gleißend helles Licht. Scheiße, zu früh! Etwas steckt in meinem Mund, ich kann nicht sprechen. Hilfe! Es wirkt nicht! Die verdammte Narkose wirkt nicht! Hört mich denn keiner? Ich kann mich nicht bewegen. Warum nicht? Was ist los?

Eine besänftigende Stimme aus dem Licht: „Ruhig … Bleiben Sie ruhig …“ Die Stimme streicht mir über den Kopf. „Es ist alles vorbei. Sie haben alles überstanden! Alles ist in Ordnung!“

Sie haben alles überstanden … Die Worte breiten sich über meinem Körper aus, als tauchte ich in ein Vollbad aus Lavendel. Ich höre die Stimme meines Sohnes: „Papa, die Vollnarkose ist so cool. Du schläfst ein und wachst gleich auf, und alles ist vorbei.“ Er hatte ja so Recht!

„Hören Sic … Sie müssen atmen! Versuchen Sie zu atmen, bitte!“, fleht die Stimme auf einmal. Es piepst ohrenbetäubend aus unzähligen Apparaten. „Wenn Sie atmen, können wir den Schlauch herausziehen.“

Atme ich nicht?

„Kommen Sie schon … atmen Sie!“

Ich nehme meine letzte Kraft zusammen und blase meinen Brustkorb auf. Der Schlauch würgt mich. Panisch strenge ich mich an tief einzuatmen, mit äußerster Anstrengung gelingt mir ein kleiner Schnaufer.

„Atmung hat eingesetzt!“, höre ich die Stimme. Eine andere: „Gut, dann schnell raus damit!“

Mit einem Ruck wird mir der harte Schlauch aus meinem Schlund gerissen und etwas anderes aus der Nase. Ich röchle und huste, der jähe Schmerz im Brustkorb nimmt mir das Bewusstsein.

Wieder verliere ich mich in der Dunkelheit. Ich rufe. Aber selbst mein Rufen wird von der Dunkelheit verschluckt. Ich taste mich langsam vor. Da merke ich, dass ich mich auflöse.

Die Dunkelheit, das bin nun ich.

22

Ich weiß nicht, wie viele Menschen hier sind. Nur eines ist sicher: Der Tod ist ebenfalls im Raum.

Als ich meine Augen wieder langsam öffne, ist das grelle Licht immer noch da. Laute Stimmen, die um die Wette mit irgendwelchen Geräten tönen. Hinter mir blubbert das inzwischen vertraute Sauerstoffgerät. Eine ständig piepsende Maschine ruft mir schrill meine Pulsfrequenz zu.

Vergeblich versuche ich, um mich zu blicken. Mein Körper gehorcht mir nicht. Wie festgenagelt liege ich da. Mein Hals schmerzt und kratzt erbärmlich. Irgendwas ist mit meinem Brustkorb. Ich liege da und hoffe, wieder einzuschlafen. Doch ein schmerzhaft kreischendes Geräusch hält mich davon ab. Laut und schrill schreit eine Krankenschwester im Raum herum. Es geht um ihre Wochenenderlebnisse, die sie hatte. Plötzlich beugt sich die krächzende Schwester erbost über mich: „Ist der etwa schon wach?"

Ich erkenne einige Falten – oder sind es Reptilienschuppen? Ich hoffe, dass sie kein Feuer spuckt. Erschöpft schlafe ich wieder ein.

Ich habe später oft über die Menschen nachgedacht, denen ich im Krankenhaus begegnet bin. Die Unterstützung und Herzlichkeit der Krankenschwestern hat mich buchstäblich am Leben gehalten. Aber es gibt in diesem Berufsstand auch Fehlbesetzungen. Muss das so sein? Ich denke nicht.

„Puls 230, er reagiert nicht!" Ich schrecke hoch. Sterbe ich? Wieder Schreie … der Raum füllt sich in Sekunden mit Menschen. Aber sie rennen an mir vorbei. Erleichterung überschwemmt meinen Körper. Ich bekomme nur Wortfetzen mit: „Zurücktreten!", „Noch einmal!", „Mehr!", „Puls fällt stark …", „Blutdruck ebenso", „Komm schon!" und „Mist …" Dann hören die Rufe auf. Das Piepsen wird langsamer und verwandelt sich dann in einen pfeifenden Dauerton.

Wie elektrisiert liege ich da. Eine seltsame Stimmung legt sich über das Geschehen. Keine Ahnung, wer soeben starb, aber Tränen rinnen mir aus den Augenwinkeln. Da beugt sich auch schon eine Pflegerin über mich: „Haben Sie Schmerzen? Möchten Sie etwas?“ Ich spüre nichts, aber ich nicke ganz leicht.

Einen kurzen Moment später bekomme ich wieder Schmerzmittel gespritzt. Ich schlafe ein. Im Unterbewusstsein höre ich eine vertraute weibliche Stimme: „Er war bei mir auf der Zwischenintensiv. Ich wollte fragen, wie es ihm geht.“

„Den Umständen entsprechend. Er hat sofort wieder selbst geatmet.“

„Gut so …“

Dann bin ich wieder weg.

23

Es gibt eine Grenze, die man nicht überschreiten sollte.

Aus dem Film „Flatliners“

Irgendwann, Anfang August

Ich bin wach. Die Augen lasse ich geschlossen. Trotzdem dringt das grelle Licht durch meine Augenhöhlen in mein Inneres und tastet wie ein Scanner mein Gehirn ab … auf der Suche nach verlorenen Träumen, auf der Suche nach Gedanken voll Hoffnung und auf der Suche nach Leben … vergeblich. Alle Träume wurden gelöscht. Warum sollten die Gedanken auch anders sein als der Körper?

Das Stück Fleisch, das hier liegt, wurde aufgesägt, ihm das Herz herausgenommen, das Ganze auf 32 Grad Celsius runtergekühlt für eine Weile stillgelegt. Danach alles wieder eingepackt, mit Stromstößen wieder gestartet und zugenäht. Darf's ein bisschen mehr sein? Das Einzige, was in dieser Zeit noch selbstständig arbeitete, war mein Hirn, das aber bereits vor der OP mit Drogen weggeknallt wurde. Ein paar Stunden lang hat es mich also nicht gegeben.

Nun liege ich hier. „Sie haben es überstanden!“, sagte die Krankenschwester nach der OP zu mir. Habe ich das wirklich? Ist es nicht falsch, so etwas zu überstehen? Wäre nicht der Tod die richtige Konsequenz für jemanden, der ungesund gelebt hat und all dies durchgemacht hat? Wurde nicht der Tod betrogen und ich liege hier, verpackt als Lüge, an irgendwelche Geräte angeschlossen?

Immer noch scannt das grelle Licht mein Innerstes, kann aber nichts finden. Jede einzelne Gehirnwindung scheint abgeräumt zu sein. Nur noch Gedankenfetzen fliegen wie aufgewirbelter Dreck nach einer Razzia durch mein Innerstes. Alle Spuren eines früheren Lebens sind verwischt.

Nur dieser eine Gedanke kreist in mir: Ich hätte sterben sollen und liege nun in diesem hohlen Körper an einem Ort, an dem ich nicht sein will. Ja, ich wollte leben. Ich habe im Auto gekämpft. Ich hing so sehr an meinem Dasein. Ist das nicht jämmerlich? Muss ich jetzt gar dankbar sein, dass ich hier liegen darf? Der Tod würde mir besser stehen, denke ich.

Mir wird schwindlig. Es kratzt wieder in meinem Hals. Bitte nicht husten! Aber der Hustenreiz ist stärker … Ich habe das Gefühl, dass es mir bei lebendigem Leib den Brustkorb verreißt. Der Schmerz ist unglaublich. Ich stöhne laut auf, als auch schon eine Schwester am Bett steht: „Sie dürfen nicht husten! Ich bringe sofort was.“

Einen kurzen Moment später hebt sie meinen Kopf und flößt mir etwas in meinen trockenen Mund. Danach macht sie sich an meinem Arm zu schaffen, wohl um Blut abzunehmen.

Ich bin noch immer nicht Herr meines Körpers. Vielleicht hat der schon aufgegeben. Und vielleicht sollte ich das auch … Ich presse die Augen fest zusammen, will die Lichtstrahlen abschneiden. Schluss mit der Hirnuntersuchung. Feierabend.

Das Stück Fleisch schläft wieder ein.

24

Du wolltest mich schon einmal holen. Damals, als ich den LKW überholte. Die Frau reagierte schneller als du. Lenkte ihren Wagen auf einen Grünstreifen. Damals gingst du leer aus. Du bekommst mich auch heute nicht und morgen auch nicht.

Mittwoch, 3. August, Tag 1 nach der OP

Das Fleisch erwacht langsam wieder, zusammen mit mir. Ich öffne die Augen. Es ist dunkler als sonst. Das Licht ist gedämpft und verrät mir, dass es Nacht ist. Ich lausche den Geräten um mich: dem Geblubbere des Sauerstoffs, dem Pumpen der Blutdruckmanschetten und dem Piepsen des Pulsmessers.

Auf einmal merke ich: Etwas ist anders geworden – da ist eine merkwürdige Verschiebung der Luftmoleküle im Raum. Die Temperatur scheint ein paar Grad zu fallen. Ein seltsamer Schatten kriecht durch den Raum, über den Boden, an meinem Bett hoch und über meine Zudecke. Ich kann meinen Kopf nicht bewegen. Ich weiß nicht, wie viele Patienten hier noch liegen … aber jemand hier drin gehört definitiv nicht hierher.

„Hallo?“, versuche ich zu rufen. Stattdessen krächzt es nur aus meinem Hals. Nichts … oder doch? Ist da ein Schatten?

„Ich weiß, dass du da bist!“, flüstere ich. „Verschwinde! Ich bleibe hier! Du kriegst mich nicht.“ Außer, dass der Raum noch dunkler erscheint und es seltsam kühl wird, passiert nichts.

„Zeig dich!“

Dass das Piepsen meines Pulsmessers immer schneller wird, bekomme ich nicht mehr mit. Auch dass sich der Raum wieder erhellt und plötzlich voller Menschen ist, die sich an mir zu schaffen machen, wird mir erst am nächsten Tag erzählt.

Etwas berührt meine Hand. Nur langsam kann ich die Augen öffnen. Ich erkenne meine Frau. „Da hast du jetzt doch mal ’nen Drachen erwischt!“, lächelt sie.

Sie meint wohl die feuerspeiende Krankenschwester. Mein Mund verzieht sich zu einem gequälten Lächeln. „Gibt’s die wirklich?“, flüstere ich krächzend.

„Dein Arzt rief mich gleich nach der OP an. Es ist alles gut verlaufen. Du musst jetzt drei Tage durchhalten, dann geht es aufwärts. Das schaffst du!“

Drei Tage? Ich weiß ja nicht mal, welcher Tag heute ist.

„Heute Nacht hattest du heftiges Vorhofflimmern. Es war knapp. Kann aber nach so einer OP vorkommen. Wie gesagt, das packst du schon“, beruhigt sie uns.

Ich hebe leicht meine Hand. Sie nimmt sie und beugt sich mit ihrem Ohr an meinen Mund. Ich flüstere: „Sag dem Jungen, er hatte Recht. Die Narkose war voll geil!“

Sie lächelt. Ich drücke ihre Hand.

25

Ich bin der Geist, der stets verneint!
Und das mit Recht; denn alles, was entsteht,
Ist wert, dass es zugrunde geht.

Mephistopheles in Goethes „Faust“

Mittwoch, 3. August, abends

Ich öffne die Augen. Meine Frau ist gegangen. Ich liege wieder eingebettet in gedimmtes Licht, starre wie immer an die Zimmerdecke und kann alles irgendwie nicht glauben. Mein ganzes Leben kannte ich Krankenhäuser nur von außen oder von flüchtigen Besuchen. Nun hänge ich hier an Geräten. Abgeschlachtet, ausgeweidet, am Ende. Regungslos, gelähmt und leer.

Es ist eine seltsame Leere. Und dann dieses verdammte Kratzen im Hals. Es ist ein Gefühl, als steckte noch etwas in meinem Rachen.

Ich weiß gar nicht, ob mir mein Körper noch gehorcht. Irgendwie spüre ich ihn nicht. Ich spüre gar nichts mehr … nur diese unglaubliche Traurigkeit.

Ich hatte immer gedacht, ich hätte alles im Griff. Ich war wichtig, immer oben dabei. Jetzt liege ich nackt hier, vollgepumpt mit Medikamenten, ein Wunder der Technik. Gäbe es diese Technik nicht, wäre ich tot. Und nun? Nun darf ich der Realität ins Auge sehen. Was wird sein? Was erwartet mich? Wird alles wieder normal werden? Werde ich wieder arbeiten können? Was denken alle von mir?

Meine Gefühle beschämen mich. Ich will mich so gerne freuen, aber ich kann nicht. Jetzt wo ich es „geschafft" habe, schäme ich mich. Ich schäme mich, dass es so weit gekommen ist. Und ich schäme mich, dass ich noch lebe. Es wäre nur gerecht gewesen, wenn ich gestorben wäre. Ich werde nur mit Technik am Leben gehalten. Ich bin ein Monstrum an Schläuchen, unfähig aufzustehen. Wünschen wir nicht alle, Frankenstein hätte sein Experiment nie durchgeführt?

Heute Nacht, wenn der Tod hier wieder an den Wänden entlangschleicht, werde ich mich bei ihm entschuldigen. Ich werde ihm sagen, wie leid es mir tut, und dass ich es wieder gutmachen will. Ich werde ihm meine Fehler eingestehen und ihn einfach begleiten, wie einen guten alten Freund. Wir werden gemeinsam durch die Türe gehen und noch einmal einen letzten Blick auf dieses Stück Fleisch werfen, was mir einmal als Körper diente, als Hülle für ein Leben. Einzeln verpackt und doch verderblich, Haltbarkeitsdatum überschritten.

Ich habe keine Angst mehr vor dem Tod. Tod und Leben liegen für mich nun so nah beieinander – wo ist da schon der Unterschied? Alles was ich tun muss, ist warten. Und ich werde warten. Ich bin vorbereitet.

Wieder lausche ich den Geräuschen. Um mich wach zu halten, zähle ich die Pieptöne meines Pulsmessers mit. Ziemlich schnell für einen Ruhepuls. Wenn er noch schneller wird, weiß ich, dass es geschehen wird. Ich lausche. Aber nichts geschieht. Komisch … alles ist komisch.

Ich versuche, mich im Zimmer umzublicken, aber ich kann mich nicht bewegen. Alles ist ruhig. Auch bei den anderen Patienten tut sich nichts. Stille.

Die Gedanken drehen sich in mir, wie die Gondeln in einem Karussell. Sie winden sich und kriechen durch mein Gehirn nach draußen, um als Tränen links und rechts meine Wangen hinunterzurinnen. Das warme Gefühl auf der Haut tut gut. Werde ich in dieser Nacht sterben oder werde ich weiterleben?

In der Zeit, die ich bis jetzt hier im Krankenhaus gelegen habe, war ich mal voller Hoffnung, mal wartete ich nur auf den Tod. Der ständige Wechsel in meiner Gefühlswelt ist extrem anstrengend.

Da höre ich mein Herz pochen, es klopft von innen gegen meinen Brustkorb, wie um mir zu sagen: „Hey, ich gehöre dir! Ich bin das Einzige, was in deinem Leben beständig ist. Worauf du dich verlassen kannst. Ich schlage für dich, also pass auf mich auf."

Auf einmal verstehe ich: Meine Gefühle sind wechselhaft wie Aprilwetter, doch mein Herzschlag ist immer da. Mein Herz und ich sind eins. Ich höre mit dem Zählen auf, lausche nur noch meinem Herzen. Es ist das Aufregendste, was ich je gespürt habe.

In diesem Moment geschieht etwas Wunderbares: Mein Geist versöhnt sich wieder mit meinem Körper. Ich bin nicht mehr nur ein Stück Fleisch, ich werde wieder zum Ich.

Zwei Engel haben mich vor wenigen Tagen aus meinem Auto gerettet. Der dritte Engel öffnet soeben die Zimmertür und ruft fröhlich: „Guten Morgen, zusammen!"

26

Mit einem Griff fasst sie unter meine Bettdecke, holt meine Arme hervor und verschränkt sie vor meinem Brustkorb: „So müssen Sie das machen, wenn Sie husten. Mit den Armen halten Sie Ihren Brustkorb fest zusammen. Wir wollen doch nicht, dass alles aufreißt."
„Nein, das wollen wir nicht ... besonders ich nicht", denke ich mir im Stillen.

Donnerstag, 4. August, morgens – Tag 2 nach der OP

Lärm lässt mich aufwachen. Ungewohnte Geräusche – keine Maschinen, keine rufenden Patienten oder Schwestern. Es ist ein Geklappere, sehr laut, aber merkwürdig vertraut. Auch ein bestimmter Duft macht sich im Zimmer breit ... kein Krankenhausgeruch, sondern etwas anderes, angenehmes. Ein gutes Gefühl entsteht in mir. Ich öffne langsam die Augen. Es ist sehr hell im Zimmer.

Als sich mein Blick langsam klärt, erkenne ich die Ursache für den Lärm: Es ist das Geklirre von Porzellan, Teller werden gestapelt. Auch an meinem Bett steht Geschirr. Der Duft stammt aus der Kaffeetasse vor mir.

Eine grün gekleidete Schwester lächelt mich an, als sie meine offenen Augen erblickt: „Sieh an – Sie sind ja auch schon wach. Dann lass ich das Frühstück noch für Sie stehen."

„Nein", flüstere ich „ich habe keinen Hunger."

Komisch, fünf Tage lang habe ich sehnlichst auf Essen gehofft. Keinen Bissen habe ich zu essen bekommen. Nun steht der volle Teller vor mir, und ich spüre nichts als das Kratzen in meinem Hals.

Die Schwester räumt klappernd mein Geschirr ab.

„Wie geht es Ihnen?" Und ohne eine Antwort abwartend: „Sie werden sehen – drei Tage, dann geht es aufwärts mit Ihnen. Es dauert immer drei Tage, bis es einem besser geht. Einen Tag haben Sie schon hinter sich."

Ich huste. Ein jäher Schmerz droht meinen Brustkorb platzen zu lassen.

„Nein, nein, nein! Sie müssen aufpassen!" Hastig knallt die Schwester das Tablett auf eine Ablage und eilt an mein Bett und hilft mir, die Arme vor der Brust zu verschränken. Wieder lächelt sie, schnappt sich das Tablett und verschwindet durch die schwere Tür. „Der Prof kommt auch gleich", höre ich sie noch rufen. Dann wird es wieder ruhig im Zimmer.

Ich liege immer noch mit verschränkten Armen da. Zum ersten Mal sehe ich wieder ein Stück von mir selbst. Auf der Innenseite meines Unterarms steckt ein Zugang, in meinem Handrücken ebenfalls. Meine Haut ist gelb und rasiert.

Nur mit viel Kraftaufwand gelingt es mir, die Bettdecke wegzuziehen. Was sich mir offenbart, lässt mich schaudern. Unter dem weißen Deckmäntelchen kommt ein Monster zum Vorschein. Überall Schläuche, Kanülen und Katheter, die jeweils in einem Beutel links und rechts des Bettes enden. Und zentral über allem verdeckt ein riesiges Pflaster die Stelle an meinem Körper, die mittels Säge geöffnet wurde.

Ich bin geschockt von dem was ich sehe. Ich bin Dr. Octopus – das Monster aus dem Spiderman-Film.

Das muss aufhören, ich muss hier raus! Ich will weg! Ich nehme mir vor, schnell fit zu werden, drei Wochen krank zuhause und dann ab zur Arbeit. Das soll ab nun mein Ziel sein. Immerhin ein Ziel, das mit dem Leben zu tun hat – letzte Nacht wollte ich noch sterben.

Ich blicke um mich … ein Fenster. Jetzt weiß ich, warum es so hell ist. Ein Fenster! Man hat mich wieder auf eine andere Station verlegt, ohne dass ich es mitbekommen habe. Es ist wie in einem Zaubertrick: Du schläfst irgendwo ein, und wachst an einem ganz anderen Ort wieder auf, weil die Schwestern dich in deinem Bett woanders hingerollt haben. Es ist absolut verwirrend. Wenn die das mit mir noch ein paar Mal machen, lande ich noch in der Psychiatrie.

Draußen scheint die Sonne. Wolken kann ich von meinem Bett aus sehen, Bäume … Vor lauter Begeisterung über das Fenster nach draußen fällt mir der alte Mann im Bett neben mir jetzt erst auf. Er scheint zu schlafen. Ich schaue mich um: Das Zimmer ist zum Teil mit Holz getäfelt. Vor mir hängt ein Flachbildfernsehschirm an der Wand.

Ich bin erschöpft, sacke wieder in mich zusammen. Wolken und Bäume, denke ich noch. Dann schließe ich meine Augen.

Plötzlich, genau in dem Moment, als ich meine Augen schließe, öffnen sie sich komischerweise. Es ist mir unerklärlich, und es verwirrt mich, aber wieder ist alles anders. Alles. Das Zimmer ist nicht mehr weiß mit holzgetäfelter Wand, sondern in einer freundlichen grünen Farbe getüncht. An manchen Stellen ist der Putz abgeplatzt, an der Wand hängt kein Fernsehgerät, sondern ein Bild mit einer heiligen Maria darauf. Ich sehe das alles ganz deutlich. Meine Müdigkeit ist plötzlich verflogen und ich fühle mich fit. Ich blicke Richtung Fenster, aber … da ist keines. Ein Vorhang trennt mich zu meiner Linken vom Rest des Raumes. Ich traue meinen Augen nicht, kneife sie fest zusammen und – sehe wieder das helle Zimmer mit dem Flachbildschirm vor mir. Neben mir schnarcht der Alte in seinem Bett.

Jetzt bin ich wirklich reif für die Psychiatrie. Was ist da los? Bin ich an zwei Orten zur gleichen Zeit?

In diesem Augenblick geht die Tür auf. Eine Schwester und ein Pfleger stehen besorgt an meinem Bett. Während der Pfleger an den Geräten fummelt, hält die Schwester meine Hand: „Geht es Ihnen gut? Sie haben einen hohen Puls.“ Dann nimmt sie eine Spritze vom mitgebrachten Tablett und verbindet sie mit etwas, was an meinem Hals zu sein scheint. Es wird warm. Ich greife mit der Hand an meinen Hals. Auch da kommen Schläuche heraus oder führen hinein.

Irgendwie ist es mir egal. Alles ist mir egal. Nur die Wolken sind mir nicht egal. Sie sehen schön aus.

Kann ich es wagen, die Augen nochmals zu schließen?

27

Wir kommen nur, um zu schlafen,
wir kommen nur, um zu träumen.
Es ist nicht wahr, dass wir zum Leben
auf die Erde gekommen sind. Mexikanisches Sprichwort

Donnerstag, 4. August, irgendwann tagsüber

Sobald mir die Lider zufallen, befinde ich mich wieder in dem grünen Zimmer. Wieder breitet sich Wärme in mir aus. Hinter dem Vorhang scheint doch ein Fenster zu sein. Es steht offen, eine leichte Brise füllt angenehm den warmen Raum und winkt mit dem Vorhang, der sich leicht bewegt.

Eine gedrungene, sehr braun gebrannte Krankenschwester tritt an mein Bett. Ich versuche zu lächeln, da schaut sie mich erstaunt an. In fließendem Mexikanisch übergießt sie mich mit einem Redeschwall. Zu meiner Verwunderung kann ich jedes Wort verstehen: „¡Te ve bien hoy, parece que se siente mejor!“ Sie meint, dass ich heute gut aussehe und es mir wohl besser geht. Ein Lied trällernd verlässt sie wieder das Zimmer und lässt mich verdutzt zurück.

Ich blicke panisch um mich. Plötzlich nehmen die Wände wieder ihre weiße Farbe an. Vor mir hängt der Flachbildschirm an der Wand. Meine Güte! Was für ein Trip!, denke ich. Ich frage mich, welches Zimmer denn nun real ist und welches Fantasie. Wohin gehöre ich? Welcher Raum ist meine Welt?

Mein Hals kratzt. Ich drehe meinen Kopf zur Seite und erblicke einen Becher Wasser auf meiner Ablage. Mühsam strecke ich meine Hand unter der Decke hervor und greife nach dem Becher. Zitternd. Ich versuche zu trinken, was mir halbwegs gelingt. Die andere Hälfte rinnt mir über das Kinn an meinem Hals hinunter. Das kühle Wasser tut mir gut.

Hoffnung erfüllt mich in diesem Moment. Hoffnung, dass ich schnell gesund werde. Hoffnung, dass ich bald wieder ganz der Alte bin. Hoffnung, dass ich noch im August wieder mit der Arbeit beginnen kann.

Hoffnung… das ist ein Gefühl, das du dir in deinem Gehirn zurechtlegst. Du schüttelst es wie ein Kopfkissen auf und legst dich dann hinein.

Die Tür geht auf, ein wahrer Schwall an Menschen ergießt sich in mein Zimmer. Alle lässig gekleidet. Nur einer oder zwei von ihnen tragen weiße Kittel. Der mit der stärksten Aura, mit einem schwarzen Poloshirt bekleidet, ergreift auch gleich das Wort.

„So, der Herr. Wir haben Sie operiert. Alles hat bestens geklappt. Die Bypässe funktionieren. Es gab keinerlei Komplikationen. Sie sind nun ein bisschen blutarm, aber so konnten wir eine Zuführung von Fremdblut verhindern. Im Anschluss Ihres Klinikaufenthalts sollten Sie dringend Ihr Cholesterin behandeln lassen. Ihre Gefäße sind uns unter den Fingern regelrecht zerbröselt. Aber in der Reha wird man sich darum kümmern.

Die Schwestern und Pfleger werden Sie im Anschluss gleich in Ihre Privatklamotten stecken und Ihnen Anweisung wegen Ihres Brustkorbs geben. Ihr Brustbein wurde durchtrennt. Wir haben es zwar mit Titandraht wieder fixiert, aber die Heilung dauert. Schwester, machen Sie mal das Pflaster ab!“

Eine junge Frau schält sich aus der Menge, beugt sich über mich und schlägt meine Bettdecke bis zur Hüfte zurück. Die anderen schauen gespannt, als würde das vierundzwanzigste Türchen am Adventskalender geöffnet. Dann greift sie mit den Fingerspitzen eine Ecke des riesigen Pflasters auf meiner Brust und zieht es langsam ab.

Im Raum ist es still. Selbst der Professor scheint etwas zu staunen.

Auf meiner Brust tritt eine lange Narbe zum Vorschein – kurz unter dem Hals beginnend bis zum Bauch. Ungefähr fünfundzwanzig Zentimeter. Keine Klammern, keine Fäden… nichts. Nur ein dünner

Strich, gesäumt von gelblicher Einfärbung. Reste des Desinfektionsmittels. Überhaupt scheint mein ganzer Körper in gelbliche Farbe getaucht zu sein.

„Das sieht unglaublich gut aus. Keinerlei Rötung. Unglaublich. Wir lassen das Pflaster weg. Da darf Luft ran. Haben Sie noch Fragen?“ strahlt der Professor.

„Mein Hals schmerzt.“

„Das kommt vom Tubus. Die Schwester wird Ihnen was geben. Haben Sie sonst Schmerzen?“

„Nein.“

„Gut. Übrigens: Sie dürfen drei Monate kein Auto fahren, und in diesem Jahr werden Sie nicht mehr arbeiten können. So, dann sehen wir uns morgen wieder. Die Ärztin wird Ihnen noch Blut abnehmen.“

Der Schwall Menschen wird wieder nach draußen geschwemmt. Übrig bleibt eine rothaarige junge Frau. In ihren Händen trägt sie bereits ein Tablett mit Spritzen und Ampullen. Ich lasse die Prozedur über mich ergehen. Ich spüre weder die Spritzen noch höre ich das, was sie sagt. Irgendwann ist sie wieder weg. Auch das bekomme ich nicht mit.

Drei Monate nicht Auto fahren – ich arbeite im Außendienst! Ein halbes Jahr nicht arbeiten dürfen – eines der wichtigsten Dinge für einen Menschen ist eine Aufgabe! Außerdem: Ich verdiene nur Geld, wenn ich unterwegs bin, wenn ich arbeite. Die Lohnfortzahlung dauert nur sechs Wochen. Ich habe laufende Kosten, die beglichen werden wollen. Genau in diesem Moment bin ich erledigt. Lebensangst macht sich in mir breit. Die Angst wird zur Panik.

Hoffnung ist eine Hure, die dir etwas vorgaukelt.

28

Ich bin ein kybernetischer Organismus – lebendes Gewebe über einem metallischen Endoskelett.

Arnold Schwarzenegger in „Terminator 2"

Donnerstag, 4. August, nachmittags

Ich starre auf die lange Narbe auf meiner Brust und diesen kaputten, gelblich schimmernden Körper. Noch immer liege ich mit nacktem Oberkörper da. Das Krankenhaushemd haben sie mitgenommen. Meine Hoffnung ebenfalls.

Mir wird erst jetzt das ganze Ausmaß bewusst. Jetzt, in diesem Moment, beginne ich zu begreifen, was es bedeutet, einen Herzinfarkt zu haben. Alles verlief bislang ohne Komplikationen, haben sie gesagt. Die Komplikation, dass gerade mein Leben umgekrempelt wird, haben sie nicht auf dem Sucher.

Ich höre nicht, als die Türe aufgeht und eine Schwester und ein Pfleger hereinkommen. Beide bestimmt unter zwanzig.

„So, wir möchten Sie anziehen."

„Ich muss aber erst auf die Toilette zum Pinkeln", erwidere ich teilnahmslos.

Die beiden schauen sich fragend an. Sie wieder: „Das können Sie doch. Sie haben einen Katheter."

„Ich will normal … zumindest in eine Flasche", bocke ich zurück.

„Das geht nicht. Vielleicht ab morgen", antwortet der Pfleger fast schon unsicher.

Ich blicke die beiden an. Vor meinem Infarkt war ich ein schüchterner Mensch, eher angepasst. Aber menschliche Scheu, Schüchternheit oder Hemmungen sind mir inzwischen abhandengekommen. Mit einer gleichgültigen Miene lange ich unter die Bettdecke und umfasse den Schlauch, der da unten in mir drinsteckt. Die beiden an meinem Bett reißen gleichzeitig Mund und Augen auf.

Ich denke mir: Hasta la vista, baby! Mit einem Ruck, der eher meinen Brustkorb fast zum Platzen bringt, als dass er meinem wichtigsten Teil Schmerzen zufügt, zerre ich den Katheter aus meinem Innersten.

Triumphierend halte ich den Schlauch hoch: „Bringen Sie mir nun eine Flasche? Bitte?“

Einen kurzen Moment später hängt mein bestes Stück in der Flasche. Zufrieden lächle ich die beiden an: „Danke! Was wollten Sie mir sagen?“

Den beiden hat es wohl sichtlich die Sprache verschlagen. Nach einer Weile meint die nette Schwester: „Tut das nicht weh?“ Der Pfleger baut nebenher lauschend den Katheter von meinem Bett ab.

„Nö. Das heißt… ich weiß nicht. Manchmal bin ich schmerzfrei wie mein Hund. Eine Französische Bulldogge“, antworte ich und wundere mich selbst über meine Redseligkeit. Wobei sich die Worte nur schwach von meinen Lippen lösen. Meine Stimmbänder sind genauso mitgenommen wie der restliche Körper.

Als die beiden sich wieder gefasst haben, erklären sie mir, wie das Bett funktioniert und wie ich mich darin bewegen darf. Drei Monate muss ich mit verschränkten Armen meinen Brustkorb schützen. Ich darf weder Auto fahren, noch schwimmen, noch Rad fahren. Das Schlimmste: Ich darf drei Monate nur auf dem Rücken schlafen. Der Pfleger kramt eine Shorts aus meiner Tasche und zieht sie mir an, während ich die Arme fest verschränkt vor meinem Brustkorb halte.

Er zeigt mir, wie das Aufrichten funktioniert. Aber mir ist schlecht. Ich will liegen bleiben.

„Wenn was ist… einfach klingeln.“

Die schwere Tür schließt sich hinter ihnen und ich bin wieder allein mit meinen Gedanken.

Warum war mir das mit der Pinkelflasche so wichtig? Hätte ich mich nicht einfach der Krankenhausroutine unterordnen können? War es das wert? Ja. Tausendfach! Denn ich will selbst Herr über mich sein, will selbst entscheiden und bin es leid, fremde Gegenstände in mir drin stecken zu haben. Ich habe mir selbst bewiesen, dass ich wenigstens über einen kleinen Teil meines Körpers noch bestimmen kann. Das gibt mir Auftrieb.

Ich bin zwar ohne Hoffnung, aber die Sache mit dem Katheter hat mir gefallen.

29

Noch vier Schläuche, die aus meinem Körper herausführen und in irgendwelche Plastiktüten münden.

Donnerstag, 4. August, abends

Mein Blick schweift zum Fenster. Draußen ziehen Wolken vorbei. Mal ist es eher blau, mal eher weiß. Ein Wechselspiel, dem ich eine Weile zusehe. Da draußen ist das Leben. Für die Menschen dort ist es normaler Alltag. Siebenundvierzig Jahre lang war auch für mich jeder Tag ein normaler Tag. Mal mit mehr Action, mal mit weniger.

Dann, plötzlich, wirst du aus dem Leben gerissen. Grob und unsanft landest du auf dem Boden der Tatsachen. Du schlägst hart mit dem Gesicht auf. Und du erkennst in diesem Moment, dass nichts unendlich ist. Die Zeit, unsere Zeit, auf der Erde ist nur geliehen. Keiner weiß, wann sie wieder zurückgefordert wird.

Bei mir war es so weit. Ich war dran. Dass ich immer noch lebe, habe ich … ja, wem habe ich es eigentlich zu verdanken? Meinem Irrsinn? Meinem Glauben? Den Ärzten? Einer Mischung aus allem? Lebe ich denn überhaupt? Da hängen immer noch diese Schläuche und Kabel, über die ich an Beutel und Geräte angeschlossen bin. Leben ist was anderes. Das Leben ist da draußen – ohne Maschinen. Hier drinnen bin ich nicht frei, kann nichts entscheiden.

Erschöpft schlafe ich ein.

„Hallo? Schlafen Sie?“

Eine Stimme weckt mich. Ich blicke in ein lächelndes Gesicht.

„Soll ich später nochmals kommen? Möchten Sie schlafen?“

„Nein, bin wach.“ Benommen versuche ich mich aufzurichten. Die Dame reicht mir das Kontrollkästchen für das Bett. Ich drücke einen Knopf und das Kopfende richtet sich langsam auf.

„Ich bin von der Sozialabteilung und werde mich ehrenamtlich ein bisschen um Sie kümmern. Wir werden morgen mit Gehübungen beginnen. Ich denke, heute lass ich Sie noch ausruhen. Aber wir müssen etwas für die Reha klären.“

„Reha?“, krächze ich mit kraftloser Stimme.

„Ja, nach dem Krankenhausaufenthalt haben Sie ein Anrecht auf drei Wochen Reha. Das sollten Sie auch nutzen. Dort werden Sie wieder fit gemacht. Ich habe tolle Möglichkeiten für Sie – an der Nordsee zum Beispiel oder in den Bergen.“

„Was liegt bei mir in der Nähe?“

Die Dame schaut mich verdutzt an: „Hm, lassen Sie mich mal sehen … Bad Wörishofen. Das liegt nur ungefähr acht Kilometer weg von Ihnen daheim. Aber …“

„Das nehme ich! Das ist gut.“

„Aber …“

„Nichts aber. Wissen Sie … ich bin aus meinem Leben gerissen worden. Ich will nicht hier sein und ich will auch nicht in den Bergen oder sonst wo sein. Lassen Sie mich einfach nach Bad Wörishofen.“

„Gut, dann machen wir das so. Jetzt machen wir aber noch ein paar leichte Bewegungsübungen. Haben Sie Lust?“

„Ja, aber mein Hals schmerzt.“

„Moment.“ Sie kramt in ihrer Tasche und holt ein paar Salbei-Bonbons vor.

„Die habe ich immer für Patienten dabei. Das hilft ein bisschen gegen das Kratzen.“

Gierig greife ich danach und schiebe mir gleich zwei in den Mund. Ich hoffe, es hilft wirklich, denn das Kratzen bringt mich langsam um den Verstand.

„Möchten Sie eigentlich gar nichts essen?“ Sie deutet auf die Teller auf meiner Ablage. Das Essen muss ich irgendwie verschlafen haben.

„Nein, danke!“

„Gut, dann fangen wir mit den Übungen an.“

Sie schlägt die Bettdecke an meinen Füßen zurück. Ich soll ein bisschen mit den Zehen kreisen. Aber ich kann mich nur schwer konzentrieren, es macht mich schlapp.

„Nun die Hände, machen Sie nur ein paar Greifbewegungen.“

Ich versuche es. Aber meine Hände scheinen eingeschlafen zu sein. Dann kribbelt es etwas, und da kommt auch wieder das Gefühl zurück. Aber auch diese paar Bewegungen lassen mich ermüden.

„Ich glaube, für heute reicht das. Wir sehen uns morgen wieder.“

Als sie gerade den Raum verlässt, kommt meine Frau herein. Ich sehe sie allerdings nur kurz, denn im gleichen Augenblick wird eine Apparatur hereingeschoben und meine Frau wird wieder nach draußen gebeten. Zwei Schwestern treten an mein Bett: „So, der Herr, wir werden Sie jetzt im Bett röntgen. Das wird kurz kalt.“

Mir wird eine kalte Platte unter den Rücken geschoben. Dann bekomme ich noch eine Bleidecke über den Unterleib und die beiden verschwinden wieder nach draußen. Dann schieben sie die Apparatur über mir wieder zur Seite, ziehen die Platte unter mir heraus und verschwinden wieder so schnell, wie sie gekommen sind.

Meine Frau wagt den zweiten Versuch.

Sie setzt sich neben mein Bett. „Wie geht es dir?“

„Gut. Ich habe sogar Sport gemacht. Morgen trainiere ich für den Marathon.“

Ich muss lachen, aber mein Brustkorb signalisiert mit jähen Schmerzen, dass Lachen nicht angesagt ist. Dann erzählt sie mir, was draußen im Leben so alles passiert. Und dass meine Chefs oft anrufen, um nach mir zu fragen.

„Es gibt ein paar Leute, die dich besuchen möchten – deine Familie auch.“

„Keine Besuche …“, hauche ich kraftlos.

Erschöpft schließe ich die Augen. Plötzlich ist meine Frau weg. Das Zimmer färbt sich wieder grün und die dunkelhäutige Schwester aus der Parallelwelt schaut mich verdutzt an: „Señor … geht es Ihnen gut?“, fragt sie mich auf Spanisch.

„Ja, es geht mir sogar sehr gut“, stelle ich fest. Narbe und Halsschmerzen sind nämlich wieder weg. Sie reißt ihre Augen auf. Im gleichen Moment wird mir bewusst, dass ich auf Deutsch antwortete. Ich schließe erschrocken meine Augen.

„Was ist los?“, fragt meine Frau. Plötzlich sitzt sie wieder da und greift besorgt nach meiner Hand.

„Nichts. Es ist nichts. Bin wohl eingeschlafen.“

„Hm, deine Augen hattest du aber auf.“

30

Am Ende ist ein Mensch alles müde, nur des Herzen Verlangen und der Seele Wanderung nicht.

Dschalal ad-Din ar-Rumi

„Ach, bevor ich es vergesse … ich habe dir Salbei-Bonbons mitgebracht. Das hilft bestimmt bei deinem Hals.“ Meine Frau legt mir die Bonbontüte auf die Ablage.

„Bestimmt. Danke.“

„Dann habe ich dein Ladekabel fürs Handy dabei und was zu lesen. Eine Motorradzeitschrift.“

„Danke. Steck doch das Handy bitte gleich an. Anmachen tu ich es aber noch nicht. Kann eh nicht reden.“

„Das dauert noch ein bisschen. Denk daran, was sie gesagt haben … mit den drei Tagen und so. Morgen oder übermorgen geht es dir besser. Wirst seh’n.“

„Wie geht es dem Jungen?“

„Der ist im Sportcamp. Ist ganz gut. Das lenkt ihn ab. Wenn er dich besucht, geht es dir schon viel besser.“

Ich denke nach.

„Was ist? Geht es dir gut?"

„Vielleicht lachst du mich aus …"

„Warum sollte ich dich auslachen?"

„Ich … ich war … in einem anderen Krankenhaus."

„Wie meinst du das?"

„Manchmal, wenn ich die Augen schließe, wache ich in einem anderen Zimmer auf. In einem anderen Krankenhaus, in einem anderen Land."

Sie schaut mich an, als sähe sie einen Geist vor sich.

Dann rücke ich mit dem Rest raus: „Und ich glaube, in einem anderen Körper …"

Erschrocken über meine eigenen Worte blicke ich verstohlen zum Fenster hinaus. Wieso erzähl ich diesen Quatsch? Sind wahrscheinlich nur die Nachwehen von der Narkose.

Zum Glück unterbricht die Pflegerin mit dem Abendessen das Schweigen. Zitternd trinke ich etwas Tee. Von der Suppe esse ich drei Löffel, dann verlassen mich die Kräfte. Als ich wieder zu mir komme, ist meine Frau gegangen. Im Zimmer brennt nur die indirekte Beleuchtung. Der alte Mann neben mir schaut in seinen Flachbildschirm … ohne Ton.

Überhaupt ist es seltsam ruhig. Ich spüre keinen Schmerz. Weder in der Brust noch im Hals. Nur meine Hände kribbeln leicht. Ich bewege sie, spiele mit den Fingern Klavier auf meinem Laken. Dann ist das Gefühl in meinen Händen wieder da. Langsam taste ich meine Brust ab. Alles taub und pelzig. Da habt ihr mich also geöffnet. Mit dem Zeigefinger fahre ich langsam von oben die Narbe nach unten ab.

Plötzlich wird es mir warm. Das Zimmer erhellt sich, draußen scheint die Sonne. Die Wände nehmen wieder die grüne Farbe an, der Putz bröckelt aus den Ecken und das Fernsehgerät verschwindet vor meinen Augen. Ein leichter Luftzug wischt meine Narbe weg. Ich richte mich auf. Es geht mir auf einmal wieder richtig gut. Ich bin völlig gesund. Es ist ein tolles Gefühl. Ich bin wie neu geboren. Irgendwie ist das mit dem grünen Zimmer ein irrer Trip. Aber ich genieße das.

Vor lauter Entzücken bekomme ich gar nicht mit, dass die dunkelhäutige Mexikanerin an meinem Bett steht. Sie drückt meinen Oberkörper sanft auf das Bett zurück: „Señor, Sie sollten nicht hier sein!", meint sie mit sorgenvoller Miene in spanischer Sprache.

Ich schüttle verständnislos den Kopf: „Warum nicht? Es geht mir gut."

„Bitte … bitte gehen Sie!", fleht sie mich an.

Was hat sie nur? Es ist doch alles gut.

Mir wird schwindlig. Das Zimmer beginnt, sich um mich zu drehen. Mir wird schlecht. Mein Herzschlag wird immer stärker. Das Blut rast durch meinen Körper – die Hitze ist unglaublich.

Die Krankenschwester verschwimmt vor meinen Augen. Das ganze Zimmer scheint zu verschwinden. Alles um mich herum verschwindet, löst sich auf. Auf einmal wird es dunkel, die Sonne ist weg.

„Schnell, nochmal! … Geben Sie ihm mehr davon. Schnell. Puls steigt immer mehr … Mist …"

„Nein! Ihr lasst ihn sterben …", höre ich mich rufen.

Dunkelheit.

31

Ich will wieder zurück in das grüne Zimmer.
Ich presse fest die Augenlider aufeinander, aber
nichts geschieht. Ich bleibe in meinem Raum
und in meiner Zeit.

4./5. August, irgendwann zwischen Abend und Morgen

„Nochmal Glück gehabt!"

Langsam öffne ich die Augen. Ich liege wieder in dem abgedunkelten Zimmer. Das Fernsehgerät flimmert immer noch.

„Da haben Sie echt Glück gehabt. Da ging es ganz schön zur Sache."

Ich drehe meinen Kopf zur Seite. Der Alte nebenan im Bett schaut mich an.

„Die haben ganz schön um Sie gekämpft."

Ich nicke, verstehen tu ich nichts. Die Tür öffnet sich und eine Frau in weißem Kittel tritt an mein Bett: „Da haben Sie uns 'nen ganz schönen Schreck eingejagt. Sie hatten Vorhofflimmern … ziemlich heftig. So weit hat sich wieder alles normalisiert. Ihren Puls müssen wir noch weiter runterbekommen. Der liegt immer noch weit über 100. Wie fühlen Sie sich?"

„Ich muss immer husten."

„Da lass ich Ihnen was dagegen bringen. Jetzt nehme ich erstmal Blut ab."

Nach der Prozedur verlässt sie mich wieder. Die Nachtschwester bringt mir kurz darauf einen Hustenstiller. Beruhigend schaut sie mich an: „Keine Sorge, Sie haben es bald überstanden. Ich beobachte Sie draußen am Monitor."

Dann liege ich wieder im Halbdunkel. Meine Hände kribbeln leicht. Angespannt versuche ich die Augen zu schließen. Ich spüre es genau: Das grüne Zimmer werde ich nie wiedersehen, das Zimmer in diesem fremden und seltsamerweise doch vertrauten Land. Diese Leichtigkeit und das Gefühl heil zu sein – alles weg. Der andere, wer er auch immer war, ist tot. Er starb an meiner Stelle.

Ich starre noch lange an die Zimmerdecke. Die Uhr zeigt 3:11, als ich zum letzten Mal in dieser Nacht nach der Zeit schaue. Dann schlafe ich endlich ein.

32

Quem dei diligunt, adulescens moritur. (Wen die Götter lieben, den lassen sie jung sterben.)

Titus Maccius Plautus

Freitag, 5. August, dritter Tag nach der OP

Ich höre Stimmen, öffne langsam die Augen und blicke in das helle Licht der Zimmerdecke. Es ist richtig viel los um diese Uhrzeit. Ja, genau … um welche Uhrzeit eigentlich? Ich greife vorsichtig nach meiner Uhr. 5:30.

Ich blicke dem Treiben am Nebenbett zu. Das wird soeben frisch bezogen.

„Das nächste Mal geben Sie uns bitte rechtzeitig Bescheid!", jammert eine ältere Schwester.

„Ja, ja …", höre ich meinen Bettnachbarn grummeln.

„Guten Morgen!", lächelt mich die eine Schwester plötzlich an. „Und Sie jagen uns nicht wieder so einen Schreck ein wie gestern!"

„War nicht mit Absicht", gebe ich im Flüsterton von mir.

„Das hoffe ich doch. Sie sind noch so jung."

„Nein, bin ich nicht mehr."

„Sie werden sich wundern. Wir haben Sie generalüberholt. Sie sind nun getunt."

Die Schwester nickt mir voller Zuversicht zu, während sie das Kopfkissen des alten Patienten neben mir überzieht.

Der Alte sitzt zusammengekauert auf der Bettkante und grummelt in meine Richtung: „Der Tod kennt kein Alter. Das ist dem scheißegal." Sarkastisch lacht er vor sich hin.

„Besserwisser!", denk ich mir und wünsche mir, allein zu sein. Ein weiterer Pfleger betritt den Raum. Unter seinem rechten Arm hat er einen Kasten geklemmt.

„Guten Morgen! Heute geht es rund mit Ihnen!" Aufmerksam mustert er die Instrumentenanzeige über meinem Kopf.

„Puls und Blutdruck sind immer noch hoch. Hm … Das wird schon noch. Was haben Sie zuletzt gewogen?“

„Ich hatte mich am Tag meines Herzinfarktes gewogen“, fällt mir ein. „106 Kilo. Warum?“

„Weil wir Sie heute wiegen werden. Sie sollen auch anfangen aufzustehen. Das ist wichtig. Schwester Marina hilft uns.“ Vom Nachbarbett wendet sich uns die junge Krankenschwester zu.

Der Pfleger: „Beim Aufstehen wichtig: Arme verschränkt auf der Brust – fest. Leicht seitlich drehen und mit Schwung die Beine aus dem Bett. Den Schwung können Sie mit dem Ellbogen unterstützen – dann aufrichten.“

„Kapier ich nicht“, meine ich resignierend.

„Wir helfen Ihnen!“

Nach zwei bis drei Versuchen sitze ich auf der Bettkante. Seit einer Woche zum ersten Mal.

Mir ist leicht schwindlig, ich zittere am ganzen Leib. Nur die Hände und Arme der beiden geben mir Halt.

„Wir versuchen jetzt langsam zur Waage zu gehen. Haben Sie keine Angst, wir halten Sie fest!“

„Das schaff ich nicht“, antworte ich vorsichtig.

„Klar schaffen wir das. Hau Ruck!“

Zwei junge Menschen, die mich alten Sack stützen. Mannomann … Ich kann nicht behaupten, dass ich vor einer Woche ein durchtrainierter Typ war. Aber ich hätte es mir nie träumen lassen, dass meine Fitness jemals so weit unten sein könnte. Es hat nur einen Herzschlag lang gebraucht, um aus mir gefühlt einen 120-Jährigen zu machen.

Die anderen im Raum beobachten uns, während ich zu dem kleinen Kasten tippele. Nach einer kleinen Ewigkeit haben wir die zwei Meter hinter uns gebracht.

„So“, meint der Pfleger, „schaffen Sie es, den Fuß zu heben?“

Ich schaffe es nicht. Marina hebt mein Bein auf die Waage. Der Pfleger hievt den ganzen Körper nach.

Ich zittere noch mehr, alles dreht sich irgendwie.

„So, gleich haben wir es. Wie viel, sagten Sie, hatten Sie zuletzt?"

„106 Kilo."

Im Raum ist es plötzlich still. Der Pfleger blickt Marina an. Ich kann die Zahlen ohne meine Kontaktlinsen nicht erkennen. Zumal sich die Waage immer weiter nach unten zu entfernen scheint.

„Wie viel wiege ich?"

„Es sind genau neunzig Kilo …"

Ich habe zwar jede Menge Kilos verloren, nicht aber meinen Humor: „Dann sollte ich nun ein Diät-Buch schreiben."

Schleichend werde ich wieder zu meinem in der Zwischenzeit neu bezogenen Bett geführt. Marina schüttelt mein Kopfkissen auf: „Sie haben so geschwitzt heute Nacht. Ihr Rücken ist noch immer heiß."

Als ich wieder auf dem Bett sitze, holt sie eine Salbe aus ihrer Tasche: „Das kühlt Sie ein bisschen!" Langsam massiert sie die Salbe in meine Haut. Und in der Tat, gleich beim ersten Kontakt mit der Salbe entspannt sich mein Rücken.

Sechzehn Kilo, schwirrt es durch meine Gedanken. „Ich glaube, ich habe Hunger."

Marina und der Pfleger scheinen sich zu freuen. „Echt?", meint die junge Schwester, „dann besorgen wir Ihnen gleich ein Frühstück!"

Tagelang habe ich nichts gegessen. Am Tag meines Herzinfarktes war das noch aus Versehen – ich hatte es einfach vergessen. Dann stand ein paar Tage lang mein leerer Magen ganz weit hinten auf meiner To-do-Liste. Jetzt, wo ich endlich wieder Hunger habe, ist das nur ein weiteres Zeichen dafür, dass ich das Leben gewählt habe. Zum ersten Mal spüre ich seit langem so etwas wie Freude. Und in dieser Empfindung schwingt noch etwas anderes mit. Das Gefühl, den Kampf mit dem Tod gewonnen zu haben.

Erschöpft fahre ich das Kopfteil wieder runter. Der Ausflug hat mich platt gemacht. Müde schaue ich zum Fenster. Dort zeigt sich schon die Sonne. Irgendwie ist es heute wirklich der dritte Tag für mich.

33

Den Kaffee hätte ich von einer Woche nicht mit der Zange angefasst, heute treten mir Tränen vor Dankbarkeit in die Augen, dass es so etwas Tolles gibt. Sein Duft ist umwerfend.

Freitag, 5. August, vormittags

Zwei Herzinfarkte, der Solotrip ins Krankenhaus, ein paar Besuche im grünen Zimmer, dreimal Vorhofflimmern … alles Momente, in denen ich hätte sterben können. Ich aber blieb am Leben. Mit Hilfe meines Glaubens, mit Hilfe meines Willens, mit Hilfe meiner Frau und ihrer Bekannten, mit Hilfe von Glück und hundert Engeln und mit Hilfe der Medizin und der Ärzte.

Ich weiß auf den Tag genau, wie lange ich vor dem Herzinfarkt lebte. Den Wert dieser Zeit will ich nicht beurteilen. Wie viel Zeit mir jetzt noch bleibt, weiß ich jedoch nicht. Mir ist bewusst: Ganz egal, wie lange es auch dauern mag, bis ich endlich auf die andere Seite gehe … alle Zeit, die mir bleibt, ist von nun an nur geliehen. Sie gehört mir nicht. Das macht sie unendlich kostbar. Die Kunst wird darin bestehen, dieses Gefühl der Kostbarkeit, das mich hier im Krankenzimmer erfüllt, nicht abflauen zu lassen. Ich werde sehr darauf aufpassen … auf jede einzelne Sekunde.

Ein Wagen mit Tabletts wird hereingeschoben – das Frühstück. Ein Klappern und Klirren erfüllt den Raum. Der alte Herr neben mir fährt sein Kopfteil hoch. Die Dame platziert ein Tablett auf seinem Beistelltisch. Ungeduldig suche ich meine Fernbedienung und drücke hastig den Knopf. Auch mein Kopfteil fährt nun in Lauerstellung. Dann erhalte ich mein Tablett. Darauf befinden sich eine Tasse Kaffee, eine Banane, ein Ei und ein Teller unter einer Plastikhaube.

Unbeholfen, aber erfüllt von Freude blicke ich das alles vor mir an. Für jeden anderen mag das geschmackloses Krankenhausessen sein, für mich ist es ein Wunder. Ich verspüre zwar so etwas wie Hunger, aber wenn ich nur den Arm kurz hebe, fühle ich mich so matt wie nach einem Marathonlauf. Ich versuche, nach der Tasse mit dem Kaffee zu greifen, gebe aber auf halbem Wege bereits auf.

Meine Resignation muss irgendwie draußen ein Lämpchen ausgelöst haben. Denn wie aus dem Nichts steht Timo, einer der Pfleger, an meinem Bett: „Kommen Sie, ich helfe Ihnen. Möchten Sie Milch?“

„Ja, Milch und etwas Zucker, bitte.“

Gewissenhaft bereitet er mir den Kaffee und rührt dann sorgfältig um. Er greift nach meiner Fernbedienung und fährt mein Bett noch etwas höher. Instinktiv verschränke ich bereits die Arme auf meiner Brust.

„Sehr gut“, lobt er meine Reaktion. „Das ist das Wichtigste, das Sie in den nächsten drei Monaten zu tun haben: Passen Sie auf Ihren Brustkorb auf!“

Er nimmt die Kaffeetasse und setzt Sie an meinen Mund. Langsam rinnt mir der warme Kaffee die Kehle hinunter. Das normale Leben hat wieder begonnen. Danach schält mir Timo noch das Ei und die Banane. Das Brot und die Wurst unter der Haube lasse ich stehen. Das Ei esse ich zur Hälfte, von der Banane beiße ich dreimal. Dann bin ich satt und zufrieden.

„Kann ich noch etwas für Sie tun?“

„Ja, ich würde mir gerne die Zähne putzen.“

„Dann hole ich Ihre Bürste ans Bett.“

„Nein, ich will mir die Zähne im Bad putzen.“

„Echt? Gerne! Ich hole nur schnell noch eine Schwester dazu.“

Der Moment ist für mich nun gekommen, aufzustehen. Erheben wäre wahrscheinlich der bessere Begriff. Ich habe beschlossen, wieder am Leben teilzunehmen, ich werde nun wieder ich selbst sein. Und da gehören saubere Zähne mit dazu.

Kurze Zeit später taucht Timo gemeinsam mit Marina, der jungen Schwester, wieder auf. Timo macht sich an all den Kanülen und Beuteln zu schaffen, während Marina mich von den Geräten trennt.

Dann werde ich wieder über das Aufstehen belehrt und nach drei Anläufen sitze ich auf der Bettkante. Bis zum Bad sind es ungefähr vier Meter. Vier Meter, die sich wie ein niemals endender Highway im Tal des Todes vor mir in die Länge ziehen. Zwischen Timo und Marina gehe ich wie ein Greis: tief nach vorne gebeugt und mit vorsichtigen, winzigen Schritten. Gestützt von meinen beiden Helfern bin ich dann doch irgendwann am Ziel. Erschöpft lasse ich mich auf den Hocker fallen, den mir der Pfleger zurechtgerückt hat. Marina richtet mir die Zahnbürste und die Zahncreme.

„Ich will alleine sein!", fordere ich mit kraftloser Stimme.

„Aber …", Timo verstummt, als ihm Marina ein Zeichen gibt. Sie legt ihre Hand auf meine Schulter: „Ich bin vor der Türe, falls etwas ist." Dann bin ich endlich alleine. Nach über einer Woche zum ersten Mal … nur ich selbst, für mich. Ich genieße die Stille, die mich umgibt und sich dann langsam in mir einbettet.

Mühsam versuche ich, meinen Kopf anzuheben, um in den Spiegel zu schauen. Aber auch im Sitzen komme ich aus meiner zusammengekrümmten Haltung nicht heraus. Ich kann nur meinen eingefallenen Oberkörper nach hinten kippen, bis ich endlich mein Gesicht im Spiegel sehe. All mein Mut und meine Zuversicht fallen in diesem Moment zusammen wie ein abbruchreifes Gebäude, das in die Luft gesprengt wird.

Aus dem Spiegel starrt mich eine wildfremde Person an. Eingefallen, hager und doch aufgedunsen und gelblich blickt sie mich aus leeren Augen an. Unter ihrem Hals, aus dem Schläuche hängen, prangt eine lange Narbe. Links und rechts rinnen Tränen an ihren Wangen hinunter.

In diesem Moment wird es mir unglaublich schlecht. Schweißperlen bilden sich auf meiner Stirn. „Hallo?", höre ich mich leise rufen. Von draußen kommt die junge Schwester herein. Sofort spüre ich, wie sie mich von hinten abstützt.

„Soll ich Ihnen die Zähne putzen?"

„Ja, ich glaube, ich …"

„Ist schon gut, das bekommen wir hin."

Gekonnt stützt sie mich von hinten mit den Beinen. Ich komme mir wie ein kleiner Junge vor, als sie mir die Zähne sorgsam putzt. Scham? Spüre ich nicht. Ich spüre gar nichts mehr. Mein Spiegelbild hat mir gezeigt, dass es zu einem normalen Leben noch ein langer Weg sein wird.

34

Du bist der zweite Versuch deiner selbst.
Das Upgrade, die neue Generation sozusagen. Oliver 2.0

Freitag, 5. August, mittags

Im Raum ist es wieder ruhig. Mein Bettnachbar schaut Nachrichten auf seinem Flachbildschirm – ohne Ton. Desinteressiert blickt er auf den flimmernden Kasten. Wenn man so mit aufgesägtem Brustkorb daliegt, interessiert einen das Geschehen in der Glotze nicht wirklich. Ich lasse meinen Kasten aus. Stattdessen blicke ich durch das Fenster nach draußen, wo die Wolken weiter über den Himmel ziehen. Ab und zu geben sie etwas vom blauen Hintergrund frei.

Vielleicht erinnerst du dich an den Sommer 2011. Der Anfang war kalt und verregnet, aber im August war es unglaublich heiß. In den Nächten fiel die Temperatur kaum unter 20°C, die erfrischende Kühle der Morgenstunden fiel aus. Sogar die Hochleistungs-Klimaanlage des Krankenhauses konnte die Hitze nicht völlig aussperren.

Ich schwitze. Mit all meiner Kraft werfe ich die Decke zurück. Nur mit meinen Shorts bekleidet, liege ich auf dem Bett. Mein Rücken brennt und meine Hände kribbeln schon wieder. Ich bewege meine Finger, nur langsam lässt das Kribbeln nach und ich spüre meine Hände und Finger wieder. Dann schließe ich die Augen. Ich verliere mich in meiner Gedankenwelt…

Von weit her dringt Musik an mein Ohr, während die Dunkelheit um mich immer mal wieder mit farbigen Lichtern erleuchtet wird, um dann kurz darauf wieder finster zu wirken. Nur schwer kann ich einzelne Umrisse erkennen… Rechtecke, Lichter, Säulen. Ich stehe auf einer Tanzfläche – in irgendeinem Club. Mein Herzschlag dringt wabernd aus riesigen Bassboxen. Auf was für einem Trip bin ich denn nun schon wieder! Abgefahren, denk ich mir. Die Lichter blitzen im Takt meines Herzens auf. Und nur ganz leise kann ich Musik vernehmen… viel zu leise. Als ich mich an die Dunkelheit gewöhnt habe, erkenne ich eine Gestalt auf einer Art Kanzel. Dort, wo die Musik herkommt. Der Typ da oben ist mit Plattenauflegen beschäftigt.

„Hey du!", höre ich mich rufen. „Man kann nichts hören!"

„Nein? Auch nicht den Herzschlag?", antwortet mir die Gestalt aus der Dunkelheit.

„Doch, den schon. Aber eben keine Musik."

Fast zeitgleich macht mich ein Summen darauf aufmerksam, dass die Glitzerkugel direkt über mir sich zu drehen beginnt und tausend kleine Lichtsplitter um mich herum tanzen lässt.

„Was willst du denn für 'ne Musik?"

„Weiß nicht… Irgendwas Gutes. Was Positives!"

„Da hab ich was…", kommt als Antwort von der Kanzel. „Warte!"

„Wer bist du?", will ich wissen.

Völlig unerwartet verlässt der Typ seine Plattenteller und tritt mir gegenüber auf die Tanzfläche. Im aufblitzenden Stroboskop-Gewitter erkenne ich sein Gesicht.

„Aber… du bist ja… ich…", stottere ich vor mich hin. Mein Gegenüber sieht tatsächlich so aus wie ich – vor zehn Jahren. Nicht so wie das Monster, das ich heute im Spiegel gesehen habe.

„Nein, ich bin der, der du warst. Ich habe ausgedient. Du bist der mit der zweiten Chance. Du bist mein Nachfolger. Das Upgrade. Du bist die Version 2.0 von Oliver. Das ist jetzt dein Leben." Wir blicken uns an. So wie zwei Brüder, die sich lange nicht gesehen haben. Ich bin mir irgendwie fremd. Der andere lächelt mich an: „Mach was draus, Alter, und vor allem … mach es besser!“ Gerade als er mir seine Hand auf meine Schulter legt, verschwimmt alles. Aus den Boxen dröhnt laute Musik.

„You're free to do what you want to do …! You've got to live your life …!“ Ich habe das Lied von Ultra Naté schon ewig nicht mehr gehört. Ein gutes Gefühl macht sich in mir breit.

Version 2.0 … ich lebe! Langsam öffne ich die Augen. Das Lied klingt mir immer noch in den Ohren. Draußen sind die Wolken weg, die Sonne scheint und der Himmel ist tiefblau. Mein Bettnachbar ist inzwischen eingeschlafen, aber ich bin wach. So wach wie schon lange nicht mehr.

Ich greife zum Telefon und wähle die Nummer meiner Frau: „Ja, ich bin's. Nein, ist alles in Ordnung. Kannst du mir meine Kopfhörer bitte mitbringen? Ja, meine Kopfhörer. Und das iPad bitte. Nein, mir geht es wirklich gut. Bis später!“

Hastig drücke ich auf dem Telefon herum und beginne mit dem Download des Liedes. Ich bin aufgeregt. Nun ja, es ist auch mein Geburtstag – sozusagen mein zweiter richtiger Geburtstag.

Oliver 2.0 … gefällt mir.

35

Science fiction – double feature.
Doctor X will build a creature.
See androids fighting Brad and Janet.
Anne Francis stars in Forbidden Planet.
Wo oh oh oh oh oh.
At the late-night, double-feature, picture show.

Rocky Horror Picture Show

Freitag, 5. August, nachmittags

Irgendwie bin ich gut drauf. So plötzlich! Zum ersten Mal nach langer Zeit habe ich das Gefühl, wieder meinen Platz in dieser Welt gefunden zu haben.

„Sie müssen Ihrer Frau eine Uhr schenken!“

Ich drehe meinen Kopf weiter nach links zu meinem Bettnachbarn. Er ist so ganz anders als Karl, auch viel älter. Bestimmt 80 Jahre. War wohl früher selbst Arzt im Krankenhaus.

„So? Wie kommen Sie darauf?“

„Das gefällt den Frauen. Sie macht momentan einiges durch“, räuspert er.

„Und da hilft 'ne Uhr?“

„Na, nicht irgendeine, eine teure muss es sein. Meine Frau durfte sich eine für ein paar tausend Euro kaufen.“

Innerlich schüttle ich den Kopf und drehe denselben wieder mit Blickrichtung zur Zimmerdecke. Ich merke schon: Neben mir liegt einer der seltenen Fälle, mit denen ich wohl nicht gut zurechtkommen werde. Wie ein Bambusschössling wächst meine Antipathie mehrere Zentimeter pro Stunde, die ich neben diesem Mann liegen muss.

„So viel Geld habe ich gar nicht“, erkläre ich und fahre fort: „Aber Sie haben Recht. Gleich, wenn ich hier raus bin, kauf ich ihr 'ne schöne Eieruhr. Unsere Eier sind immer zu weich.“

Schweigen erfüllt den Raum. Aber dann, der Alte wieder: „Wenn ich hier raus bin, will ich was Verrücktes machen. Vielleicht kauf ich mir ’ne Harley, so mit Einspritzung.“

Oje – ich fahre selbst eine funkelnagelneue Harley mit Einspritzer. Der Gedanke daran, dass genau die so jemandem wie meinem Zimmergenossen gefällt, lässt mich zweifeln. Eigentlich sollte ich darüberstehen, aber ich in meiner gedanklichen To-do-Liste steht nun geschrieben: Neue Harley gegen alte eintauschen!

Ein Spruch fällt mir ein: Viele Arme haben nichts weiter als nur ihr Geld. Ich bin nicht arm: Geld hat für mich nie eine sehr große Rolle gespielt. Es gibt im Leben Dinge, die viel wichtiger sind – das habe ich schon immer gewusst. Doch seit meinem Herzinfarkt ist Geld an die allerletzte Stelle gerückt. Alles Schöne, das ich wirklich benötige, gibt es kostenlos.

Der alte Mann erzählt immer weiter, was er sich alles kaufen will, wenn er entlassen wird. Ich will hier raus! Als ob ich telepathische Kräfte hätte, schwappen ein paar Krankenschwestern in den Raum.

„So, der Herr … wir machen eine Spazierfahrt zum Röntgen!“

„Juhuu!“, huste ich spontan und bekomme sofort die Quittung in Form eines stechenden Schmerzes in der Brust.

„Na, Sie freuen sich aber!“

Und schon treten wir gemeinsam die Flucht an.

Ich werde aus meinem sauberen, weißen Zimmer hinunter in die grauen Katakomben Großhaderns gespült. Vorbei geht die Fahrt an Dienstfahrrädern und unzähligen reparaturbedürftigen Rollstühlen in einen anderen Gebäudekomplex zu einem großen Aufzug.

Die Aufzugstür öffnet sich. Gnadenlos drängeln sich die anderen Wartenden vor. Meinem Pfleger platzt der Kragen: „Meine Herrschaften, dies ist ein Krankentransport! Raus!“

Murrend verlässt die Meute den Lift und wir können unseren Ausflug endlich fortsetzen.

„Das war klasse!“, lobe ich meinen Fahrer. Aber mir ist schlecht. Die vielen Menschen und Gerüche kneten meine Innereien durch.

Auf meiner Stirn bilden sich erneut Schweißperlen und mein Mund zieht sich innen so komisch zusammen.

„Geht es Ihnen gut?"

„Ja, passt schon", erwidere ich dem jungen Kerl.

Endlich erreichen wir unser Ziel – die Röntgenabteilung. Ich werde auf dem Flur geparkt, mein Pfleger verschwindet, um die Formalitäten zu erledigen. Ich blicke um mich, versuche, mich zu beruhigen. An der Wand gegenüber sitzt ein kleines Mädchen auf einer Bank. Neugierig mustert sie mich mit offenem Mund. Wir blicken uns eine Weile an, dann fragt sie mich plötzlich: „Warum liegst du im Bett?"

„Ich kann nicht gehen."

„Warum nicht?"

„Weil ich einen Herzinfarkt hatte."

„Meine Mami bekommt auch immer einen Herzinfarkt wegen mir."

„So … und wo ist deine Mami jetzt?"

„Da drin." Mit ihrer kleinen Hand zeigt sie auf eine Türe neben der Bank. Auf einem Schild daneben kann ich „Computertomographie" lesen.

„Aha … und was hat deine Mami?", frage ich völlig ahnungslos.

„Krebs."

Die Übelkeit packt mich noch stärker. In diesem Moment öffnet sich die Türe neben mir, und eine stämmige Frau schiebt mich in einen dunklen Raum. Meinen Pfleger kann ich nirgendwo entdecken.

Die Frau schnauzt mich an: „Können Sie alleine aufstehen?"

„Nein."

Aus dem Halbdunkel tritt eine weitere Frau. Ich werde unter den Armen gepackt und an die Wand gestellt. Ich bin mir sicher, gleich standrechtlich erschossen zu werden.

„Viva la revolución!", krächze ich.

Der Oberdrachen schüttelt den Kopf.

„Mir ist schlecht", informiere ich die beiden.

„Das macht nichts. Wir müssen Sie komplett durchröntgen. Stehen Sie gerade!"

Ich reiße mich zusammen. Zitternd versuche ich meinen Körper aufzurichten, was mir aber nicht gelingt.

„Sie müssen schon gerade stehen. Die Schultern nach hinten!“

Noch größer als meine Übelkeit ist nun der Schmerz in meinem Brustkorb.

„So wird das nichts, Sie müssen sich ordentlich hinstellen“, faucht mich der Drachen an. Aber es geht nicht. Wütend schraubt sie an dem Gerät herum: „Dann versuchen wir es so: Greifen Sie mit beiden Händen da oben die Stange!“ Der Feldwebel ist sichtlich ungeduldig.

Ich versuche nach oben zu fassen, kann aber meine Arme nicht hoch genug heben.

„Das gibt es doch nicht!“, schnauzt die Alte wütend.

Da aber platzt mir der Kragen: „Leck mich am Arsch! Verstrahl dich doch selbst!“

Ich mobilisiere meine letzten Kraftreserven und schleppe mich die zwei Meter zurück in mein Bett.

Während die Alte mit offenem Mund dasteht, schiebt mich ihr Hilfsdrachen vor die Tür.

Mit einem Knall schließt sich die Tür hinter mir.

Heute ist der Tag, an dem ich beschlossen habe, wieder am Leben teilzunehmen. Aber ich hatte ganz vergessen, wie beschissen das sein kann. Gleich dreimal bin ich auf richtige Arschlöcher gestoßen: der Tausend-Euro-Mann, die Leute am Aufzug, die Drachen in der Röntgenabteilung. Aber ich nehme das Leben, wie es ist. Etwas anderes bleibt einem gar nicht übrig, nicht wahr?

Auf der Bank gegenüber sitzt inzwischen die Mutter bei ihrem Kind. Beide weinen fürchterlich.

„Scheiß Krebs …“, denk ich mir, beuge mich zur Seite und übergebe mich endlich.

36

„So, und nun stehen wir auf und gehen hinaus!"
„Was? Das geht nicht!", antworte ich panisch.

Freitag, 5. August, immer noch nachmittags

Hätte nicht gedacht, dass ich mich auf meinen Tausend-Euro-Bettnachbarn freue. Aber als wir das Zimmer erreichen, bin ich tatsächlich froh, wieder in meiner Schutzzone zu sein. Hier bin ich sicher. Der kurze Ausflug in die Welt außerhalb meines Zimmers hat mir gereicht. Der alte Mann schläft.

Endlich steht mein Bett wieder an Ort und Stelle. Ich blicke wieder nach draußen und genieße das Blau des Himmels. Ich spüre eine Sehnsucht nach Luft. Nach frischer Luft …

Die Tür öffnet sich und die Dame von der Sozialstation blickt herein. „Hallo! Na, Sie sehen aber schon viel besser aus. Das mit der Reha klappt. Ich habe Ihnen einen Platz in Bad Wörishofen reservieren können."

„Schön. Danke!" Ich bin erleichtert. Dann bin ich nicht weit von zuhause. Nach dem ganzen Mist auch noch irgendwohin verfrachtet zu werden, ist das Letzte, was ich will. Außerdem hat meine Frau schon genügend zu fahren.

„Und jetzt machen wir mit Geh- und Beweglichkeitsübungen weiter!"

„Mein Bedarf an Übungen ist aber für heute gedeckt, um ehrlich zu sein", murre ich.

Sie blickt zum Fenster. „Möchten Sie nicht da mal wieder raus?"

Ich hasse psychologisch geschultes Personal. Mit einem Tritt befördere ich meine Bettdecke ans Fußende. Dabei fällt mir zum ersten Mal mein flacher Bauch auf. Gefällt mir.

Die Dame greift meine Füße und bewegt sie. Dann muss ich sie selbst bewegen. Nach kurzer Zeit bin ich erschöpft.

„Wir machen das nun mit den Händen."

Erschrocken merke ich, dass diese wieder unglaublich kribbeln. Ich klopfe mit ihnen auf die Matratze.

„Gut machen Sie das …", meint sie freundlich.

„Meine Hände sind eingeschlafen, Moment."

Es dauert eine ganze Weile, bis ich sie wieder spüre. Aber auch für die Übungen mit den Händen habe ich wenig Kraft. Trotzdem soll ich nun auch noch aus dem Bett aufstehen. Mühsam stehe ich irgendwann neben ihr. Ihr fester Griff stützt mich.

„Sie setzen nun einen kleinen Schritt vor den anderen."

Mit höchster Konzentration ziehe ich ein Bein dem anderen hinterher. Ich halte mich am Bett fest.

„Wir versuchen es bis zur Türe", fordert sie mich mutig auf.

Es sind nur wenige Schritte bis zur Zimmertür. Ich fokussiere die Türklinke. Schweiß läuft mir den Rücken hinunter. Aber irgendwann haben wir es geschafft. Vor mir öffnet sich der Flur mit der Empfangstheke, wo gerade Schwestern ihren Schichtwechsel durchsprechen. Alle Blicke richten sich erstaunt auf mich.

„Lazarus, komm heraus!", scheinen sie zu rufen, bleiben aber still und nicken nur aufmunternd mit den Köpfen.

„Wollen Sie weitergehen?", fragt mich meine Helferin.

„Nein, danke, ich habe nicht das richtige Schuhwerk dabei", witzle ich, obwohl es mir langsam schwarz wird vor Augen. Rechtzeitig erreichen wir wieder mein Bett und erleichtert lasse ich mich langsam darauf nach hinten sinken.

„Heute Abend komme ich nochmal", droht mir die Dame von der Sozialstation und entschwindet wieder. Erschöpft, aber zufrieden sinke ich in mein Bett zurück.

Nun ja. Jetzt war ich immerhin schon an der Tür. Es ist unglaublich, wie wenig Kraft in mir steckt. Dabei wollte ich so gerne mal nach draußen … Mein Blick dreht sich wieder Richtung Fenster, wo sich gerade eine perfekte kleine weiße Wolke über den blauen Himmel bewegt. Kurz darüber erkenne ich den Kondensstreifen eines Flugzeuges. Wohin das wohl fliegt? Mallorca? Oder Amerika? Wie gerne würde ich jetzt in Kalifornien sein … bei Onkel und Tante. Ich höre das Rauschen des Meeres und spüre die leichte Brise, die übers Wasser kommt. Ich bin ganz ruhig.

37

Ein wahrer Freund ist jemand, der weiß, dass man ihn gerade braucht. Oscar Wilde

Freitag, 5. August, gegen Abend

Ich bin wieder alleine mit meinem Bettnachbarn. Er schläft seelenruhig. Ich greife zur Fernbedienung und schalte das Fernsehgerät ein. Ohne Ton. Eigentlich interessiert es mich nicht. Lustlos zappe ich durch. Halt! Ich schalte zurück. In irgendeinem Privatsender läuft ein alter US-Spielfilm. Es geht um einen Delfin und einen Jungen. Nein, nicht Flipper. Irgendein anderer Film aus den 70ern. Er spielt in den Keys vor Florida. Vor vielen Jahren war ich schon einmal dort. Ich genieße den Film. Freundschaft zwischen Mensch und Tier – ein schönes Thema. Was wohl meine Französische Bulldogge macht? Sie fehlt mir unglaublich. Ob sie sich wundert, dass ich so lange weg bin?

In dem Film soll der Delfin weggebracht werden. Der Junge weint und wehrt sich. Beide flüchten – der Junge in einem Boot und der Delfin nebenher. Tierfreundschaften sind etwas Dauerhaftes. Nichts kann ein solches Bündnis trennen. Anders sieht es bei Menschen aus. Über mein Handy haben mich schon viele Glückwünsche per SMS erreicht. Von Kollegen, Nachbarn, Kunden und Bekannten. Von meinem engeren Freundeskreis … nur wenige.

Irgendwann denke ich: Merkwürdig! Mein Nachbar, der ein paar Häuser weiter weg wohnt, hat mich besucht, aber nicht meine Freunde, die ich zum Teil seit über zehn Jahren kenne. Wo sind all meine Kumpel? Zuerst lege ich mir noch Erklärungen zurecht: Naja, vielleicht wissen sie es noch gar nicht. Aber irgendwann muss ich einsehen: Die meisten meiner Freunde kommen nicht. Zuerst macht es mich ein wenig traurig. Aber eigentlich bin ich nur verwundert. Ich hatte gedacht, die Freundschaften wären tragfähiger gewesen. Aber es war eben nicht so.

Diese Erfahrung machen viele Menschen, die eine schwere Krankheit oder eine andere Krise durchmachen müssen: Nur wenige der alten Freundschaften überleben diese Phase. Das ist ganz normal. Und im Grunde ist es auch nicht schlimm. Denn die Fehlstellen werden Platz machen für neue Freunde.

38

„Ist heute ein Wochentag?" Der Dude in „The Big Lebowski"

Allzu tief kann ich nicht in meine Gedanken tauchen. Ein schwaches Klopfen an der Tür unterbricht die Ruhe im Raum. Ich warte. Zögerlich öffnet sich die Türe … meine Schwester, meine Mutter, mein Neffe, mein Schwager … ich freue mich – Besuch.

Dummerweise habe ich genau in diesem Moment einen Hustenanfall, der meinen Brustkorb fast zum Platzen bringt. Ich muss einen jämmerlichen Eindruck machen. Meine Mutter bricht in Tränen aus, meine Schwester auch.

Mich lässt es in diesem Moment irgendwie kalt. Zu viel habe ich in den letzten Tagen erleben müssen. Ich beruhige sie: „Hey, ich bin noch nicht tot!" Blöder Spruch. Trotzdem lache ich gequält, um die Stimmung aufzulockern. Ich richte mein Bett mittels Fernbedienung noch etwas mehr auf und strahle. Die Schmerzen im Hals ignoriere ich.

Ich verstehe meine Mutter. Keine Mutter will ihr Kind, egal wie alt, so daliegen sehen. Mein zehnjähriger Neffe ist irritiert. Stolz zeige ich meine Narbe. „Die sieht aber gut aus", beruhigt mein Schwager die Szene. „Ja, und Schmerzen habe ich auch keine. Nur der Husten. Aber das kommt von dem Schlauch, den ich im Hals hatte."

Meine Mutter fängt sich langsam wieder und ich erzähle im Flüsterton, was alles geschehen ist, während der Junge im Fernsehen mitsamt Delfin in Seenot gerät.

Dann bekomme ich Lesestoff überreicht – Motorradhefte. Klasse! Auch wenn der Besuch mich anstrengt, die Zeit geht unwahrscheinlich schnell vorbei und ich bin abgelenkt. Eine Pflegerin versorgt mich derweil mit Getränken und etwas zu essen. Der Delfin rettet den Jungen und bringt ihn nach Hause. Auch ohne Ton verstehe ich, dass der Junge den Delfin behalten darf. Happy End eben.

„Das hat alles ein Happy End", flüstere ich.

„Das hoffen wir alle", meint meine Mutter. „Du packst das!"

„Hat mir 'ne Krankenschwester auch gesagt."

Wieder öffnet sich die Türe und meine Trainerin von der Sozialstation kommt herein.

„Würden Sie kurz vor der Türe warten?", bittet sie meine Besucher. Das Zimmer leert sich.

„Ich bin gleich wieder weg. Aber ich wollte Ihnen noch etwas bringen, womit Sie Ihre Lungen trainieren können. Die haben nämlich auch keine Kraft mehr." Sie reicht mir einen durchsichtigen geschlossenen Becher, in dem eine rote Kugel liegt. Oben am Becher ist ein faltiger Schlauch angebracht.

„Sie atmen tief ein und achten darauf, dass die Kugel so lange wie möglich im Becher schwebt!"

Ich nehme das Teil entgegen, platziere den Schlauch am Mund und atme ein. Die Kugel hebt sich ein bis zwei Millimeter und kullert sofort wieder auf den Boden des Bechers.

„Nur Mut! Das wird schon. Sie müssen das mehrmals am Tag trainieren, dann kommt die Kraft langsam wieder. Und morgen machen wir mit den Gehübungen weiter."

Einen kurzen Moment später sitzt meine Familie wieder um mein Bett. Ich zeige ihnen stolz meinen neuen Apparat: „Nun darf ich sogar wieder atmen lernen." Meinem Neffen präsentiere ich mein vollautomatisches Bett. Er findet es cool. Dann lass ich mir Neues von draußen berichten. Was passiert so in der Welt? Es interessiert mich. Ich erfahre dies und das und wir reden noch ein bisschen. Dann schwinden aber meine Kräfte. Zeit sich zu verabschieden. Nach kurzer Zeit umgibt mich wieder die Stille des Zimmers. Langsam fahre ich das Bett wieder in die Waagrechte. Meine Hände sind wieder eingeschlafen. Dafür ist mein Bettnachbar wieder aufgewacht. Er spricht leise in meine Richtung: „Eine nette Familie."

„Danke!", antworte ich höflich.

„Ich will keinen Besuch. Ich habe zwar zwei Söhne, aber ich will nur meine Frau hier."

„Das ist aber schade, oder? Haben Ihre Söhne kein Recht, Sie zu sehen?"

Es kommt keine Antwort.

Dann er wieder: „Kommt Ihre Frau heute nicht?"

„Nein, sie holt unseren Sohn im Eishockeycamp ab. Morgen kommen mich beide besuchen."

Ich bin aufgeregt. Was wird mein Sohn sagen, wenn er mich so sieht? Dünn, gelb und voll mit Schläuchen. Ich schüttle meine Hände, bis das taube Gefühl wieder aufhört und ein Kribbeln signalisiert: Wir sind noch da. Was ist das nur?

Wieder huste ich und presse meinen Brustkorb mit den Armen zusammen. Schweißgebadet greife ich zur Fernbedienung und drücke die Klingel für die Krankenschwester. Kurz darauf erscheint Schwester Marina. Sie hat heute Nachtschicht.

„Nein, ich darf Ihnen leider nicht schon wieder einen Hustenblocker geben. Sie müssen noch ein bisschen warten. Aber ich bringe Ihnen etwas zu trinken. Haben Sie noch Bonbons?"

„Ja, habe ich. Danke!"

„Sie ist sehr nett", versuche ich, ein Gespräch mit meinem Bettnachbarn zu beginnen. Aber der liegt wieder mit offenem Mund da und schläft.

Ich mache das Licht aus. Nur die kleine Birne im Durchgang hellt den dunklen Raum ein wenig auf. Hinter mir höre ich die

Sauerstoffmaschine atmen. Nachdenklich schüttle ich den Kopf: Früher bin ich zig Kilometer am Stück zum Kunden gefahren, hatte 14-Stunden-Tage… und heute schaue ich Flipper und puste Atembällchen in die Luft. Und der Tag ist genauso voll! Verrückt!

39

Wenn der Mensch zur Ruhe gekommen ist, dann wirkt er.

Francesco Petrarca

Eine gefühlte Ewigkeit später

Ich wache glücklich und zufrieden auf. So gut habe ich lange nicht mehr geschlafen. Ich bin topfit! Als ich die Uhrzeit auf meinem Handy sehe, kann ich es kaum glauben: 23 Uhr. Vor gerade mal 45 Minuten bin ich eingeschlafen. Und jetzt? Ich schalte meine Leselampe ein und schnappe mir die Motorradzeitschrift von meinem Beistelltisch. Mühsam versuche ich, die Buchstaben auf dem Papier zu sortieren und aus der Reihenfolge der Wörter Sätze zu bilden. Aber irgendwie gelingt es mir nicht. Ich kann mich einfach nicht konzentrieren. So blättere ich Seite für Seite um und schaue mir die Bilder an. Immerhin schon 23:10 Uhr. Ich lege die Zeitschrift wieder weg und starre an die Decke.

Die Bilder der letzten Tage machen sich wieder in meinem Kopf breit… die Todesangst auf der Autobahn, die vorbeifahrenden Menschen in ihren Autos, das große Holzkreuz am Wegesrand. Der Kampf der Ärzte um mein Leben, meine Hochstimmung vor der OP und die schrecklichen Ereignisse in der Nacht nach der Herzoperation. Ein naiver Spruch drängt sich mir in meinem Innersten auf: „Man soll die Feste feiern, wie sie fallen."

Irgendwie ist das Ganze mein Fest – genau das ist mein Gefühl. Von nun an soll es mit mir aufwärts gehen. Die Ärzte haben ihren

Teil beigetragen, ihnen gegenüber verspürte ich eine unglaubliche Dankbarkeit. Aber der Rest hängt von mir alleine ab, so viel ist mir bewusst. Meine Gedankenwelt lässt die Zeit verstreichen, aber meinen Puls treibt sie nach oben. Es ist 3:25 Uhr, als die Türe aufgeht und Marina sich an den Geräten hinter mir zu schaffen macht.

Sie streichelt mir über den Kopf…

„Wie geht es Ihnen?"

„Gut, danke. Ich muss so oft husten, der Hals tut mir weh."

„Das kommt immer noch vom Schlauch, den Sie während der OP im Hals hatten. Ich bringe Ihnen nochmals etwas."

Ich bin wirklich froh und ziehe echt meinen Hut vor ihrer Arbeit als Krankenschwester. All den Schwestern gebührt mein Respekt, aber Schwester Marina kümmert sich besonders liebevoll.

„Was würde ich ohne Sie tun!", sage ich ganz aufrichtig.

Mit meinen Worten habe ich wohl bei ihr einen Knopf gedrückt. Wie aus heiterem Himmel bekommt sie feuchte Augen.

„Was ist los mit Ihnen?"

„Nichts…", schluchzt sie.

„Das sieht aber ganz anders aus. Kommen Sie, erzählen Sie schon!"

„Ach, wichtig ist, dass es *Ihnen* gut geht. Sie hatten eine schwere OP", bemüht sie sich um Fassung.

Dann fängt sie aber doch an zu erzählen… von ihrer Schichtarbeit, dem immer kleiner werdenden Freundeskreis und dem Freund, der mit ihr Schluss gemacht hat. Das tut mir sehr leid für sie.

„Und Sie wurden am Herz operiert und ich belaste Sie mit meinem Kram…"

Ich halte ihren Arm und tröste sie. „Sie machen das alles so toll. Sie sind ein Engel. Irgendwann kommt der Richtige für Sie, der das zu schätzen weiß. Sie können hier so vielen Menschen helfen… Geben Sie nicht auf!"

Ich finde es unglaublich, was die Krankenschwestern und Pfleger leisten. Der Schichtdienst, die ständige Begegnung mit dem Tod… Sie alle sind einer großen körperlichen und mentalen Belastung ausgesetzt. Kein Wunder, dass sie manchmal einen schwachen Moment haben. Das finde ich nicht unprofessionell oder gar peinlich – ich finde das menschlich.

Marina und ich sprechen noch eine Zeitlang miteinander. Hustend reiche ich ihr ein Taschentuch, damit sie sich die Nase putzen kann. Auch fühle ich mich gestärkt. Aus der Position des Empfangenden durfte ich einen kurzen Moment in die des Gebenden ausbrechen. Für all die Hilfe und Unterstützung, die sie mir hat zukommen lassen, durfte ich einen kleinen Teil zurückgeben. Das hat mir wohl getan. Danke, Marina!

„Ich hole Ihnen jetzt was gegen den Husten ...“ Leise schleicht sie aus dem Zimmer.

Als ich wieder aufwache, bricht draußen bereits der Tag an – der vierte Tag nach der OP. Auf meinem Nachttisch steht ein kleiner Becher mit Hustensaft. Darunter ist ein Stück gelbes Papier geklemmt, auf dem steht: „Sie hatten so fest geschlafen – Danke noch mal!“

40

Die Zeit mag Wunden heilen. Aber sie ist eine miserable Kosmetikerin. Mark Twain

Samstag, 6. August, früher Morgen

Der Raum ist wieder erfüllt mit klapperndem Geschirr und Stimmenwirrwarr von verschiedenen Pflegern und Pflegerinnen. Ich freue mich auf mein Frühstück. Wie ein alter Hase strample ich die Bettdecke nach unten und verschränke beide Arme fest über meinem Brustkasten. Dann robbe ich auf dem Rücken nach oben Richtung Kopfende. So habe ich die ideale Ausgangsposition, um das Kopfende mittels Fernbedienung nach oben zu fahren. Ich ziehe das fahrbare Nachttischchen mit dem Frühstück zu mir, und schon sitze ich mampfend und krümelnd in meinem Bett. Der Kaffee schmeckt klasse. Das Brot und das Obst auch. Ich blicke hinüber zu meinem Bettnachbarn, der sein Frühstück noch nicht angerührt hat.

„Guten Morgen!“, rufe ich mit vollem Mund hinüber.

„Guten Morgen! Ich habe heute keinen Hunger“, kommt es zurück.

„Sie sollten aber was essen, hat der Arzt gesagt. Sonst kommen Sie nicht zu Kräften“, erinnere ich ihn.

„Na und?“

„Wie, na und? Heute schmeckt es irgendwie. Schauen Sie … Sie hatten doch gestern oder vorgestern davon gesprochen, mal was Verrücktes zu tun.“

„Ja, aber …“

„Na sehen Sie – mampfen Sie im Bett! Dann ist alles voller Brösel. Die piksen Sie dann den ganzen Tag.“ Ich lache bei der Vorstellung.

Er dreht sich zu mir und blickt mich an, als wäre ich nicht ganz dicht: „Und das soll was Verrücktes sein?“

„Ja“, versichere ich ihm. Aber im Prinzip ist mir egal, was er denkt. Ich fühle mich heute so was von gut! Ein Gefühl, das ich schon lange nicht mehr hatte. Während ich meine abgezählten Tabletten, so um die elf Stück, eine nach der anderen mit Wasser runterspüle, höre ich neben mir ein Schmatzen. Mein Bettnachbar sitzt kauend im Bett, wir müssen beide lachen.

„Ich sagte Ihnen doch – es geht nichts über ein gemeinsames Frühstück im Bett.“ Zufrieden und satt schiebe ich den Wagen wieder weg vom Bett und lasse mein Kopfteil etwas nach unten fahren. Das Wochenende hat begonnen, kein Arzt in Sichtweite. Ich genieße einfach nur das Gefühl, dass es mir richtig gut geht.

„Ich hab’s geschafft! Das Tal der Tränen liegt hinter mir“, denke ich. Doch wer von einer schweren Krankheit genesen will, der muss sich auf eine Menge Rückschläge gefasst machen. Es ist wie bei einem Fahrradfahrer, der sich eine Passstraße hinaufquält – immer, wenn er glaubt, nach der nächsten Biegung hätte er es geschafft, kommt noch eine Kehre. Und noch eine. Und noch eine.

41

Ein Krankenhaus ist wie ein Kokon. Hier fühlst du dich sicher und aufgehoben. Alles ist sauber und klar. Du musst nichts tun, außer dem, was mit dir passiert, Vertrauen zu schenken. Es wird immer wieder Momente geben, in denen du dich in diesen Kokon zurückwünschst.

Samstag, 6. August, morgens

Das Klopfen an der Tür habe ich nicht wahrgenommen, aber da steht schon die Frau von der Sozialstation an meinem Bett. Zeit für weitere Übungen. Es folgt das bekannte Fuß- und Handdrehen und dann stöpselt mich der Pfleger, der sich inzwischen auch eingefunden hat, von den Geräten ab. Vorsichtig richte ich mich auf, behäbig wie eine Schildkröte und die Arme vor der Brust verschränkt, und lasse die Beine an der Bettkante herunterbaumeln. Aus dieser Position sehe ich gut zu dem quadratischen Fenster hinaus. Ich kann draußen Menschen auf ihrem Weg ins Krankenhaus beobachten. Die Sonne gibt dem Ganzen einen warmen Ton, es scheint richtig heiß da draußen zu sein.

„Möchten Sie sich etwas anziehen? Wir gehen nämlich raus auf den Flur", sagt mir die Frau von der Sozialstation.

Der Pfleger holt aus dem Schrank ein Hemd, zusammen mit meinen blau-weiß-gestreiften Shorts bin ich nun ausgehfertig. Zunächst gehen wir langsam durch das Zimmer, beobachtet von meinem Bettnachbarn.

Nach einer gefühlten Ewigkeit kommen wir an der Zimmertür an. Ich stütze mich an der Wand ab, während die Dame die Tür öffnet und der Pfleger mich festhält. Schritt für Schritt schleiche ich durch die Tür. Wieder blicken mich die Schwestern zuversichtlich an und nicken mir zu: „Sieh an, unser Jungspund … Jetzt geht es aufwärts!"

Ich lächle gequält: „Ich lauf mal schnell zum Kiosk. Soll ich euch was mitbringen?“ Gelächter tönt mir von den Pflegerinnen entgegen.

Zum Kiosk schaffe ich es nicht, aber ungefähr 20 Schritte bis zur Besucherecke. Meine Begleitdame deutet auf eine Sesselgruppe. Langsam nehme ich dort Platz und blicke um mich. Ich genieße es, etwas anderes zu sehen als den gewohnten Blick auf die Wand vor meinem Bett. Wie eine kleine Küche sieht das Ganze aus, mit edlem Furnierholz. Da stehen ein Kaffeeautomat, eine Obstschale und eine kleine Schale mit Keksen. Das Fenster ist bodentief. Von meinem Platz aus kann ich hoch in den Himmel sehen. Eine einzige Wolke zieht gerade vorbei … langsam … und wunderschön anzusehen. Ich verharre mit meinem Blick nach oben, obwohl es mir fast schwindlig dabei wird.

„Soll ich Sie ganz nach draußen begleiten?“ Sie blickt mich irgendwie durch feuchte Augen an.

„Ich weiß nicht. Ich glaube, das ist mir heute zu weit.“

Aber es ist nicht meine schwache Kondition, die mich abhält. Die Wahrheit sieht ganz anders aus: Ich traue mich nicht. Ich bin zu feige, rauszugehen. Mit meinen Schläuchen im Hals und am Körper gehöre ich hierher, hier ins Krankenhaus. Hier bin ich sicher. Ich habe das Gefühl, ich hänge an diesem Krankenhaus mit einer Nabelschnur. An eine Geburt will ich nicht denken. Noch nicht.

Ich bin heute so weit gekommen wie schon lange nicht mehr. Es wäre ein Grund gewesen, stolz auf meine Leistung zu sein. Doch stattdessen schleiche ich mich nach einer Weile mit einem Gefühl von Scham, Enttäuschung und Angst wieder zurück in mein Bett. Dort werde ich wieder mit den Geräten verbunden. Oder ist angekettet das richtige Wort? Innerlich ziehe ich mich zusammen und liege wie ein Häufchen Elend in der Ecke meiner Gedanken.

Vorhin erst ging es mir so gut, und nun bin ich wieder nur noch ein Körper. Wer etwas über mich erfahren möchte, schaut einfach auf den Kasten über meinem Bett. Dort verrät der Monitor alle Daten über mich. Mehr gibt es über diesen Körper nicht zu sagen.

42

Als mein Sohn ungefähr drei war, fuhr ich mit ihm oft zum Ulmer Hauptbahnhof. Wir schnappten uns etwas zu essen, setzten uns auf eine Bank bei den Gleisen und schauten den Zügen zu. Manchmal hüpften wir als Mutprobe in die geöffnete Tür eines wartenden ICE, um dann kurz vor der Abfahrt wieder hinauszuspringen. Sein Lachen und seine vor Aufregung rot leuchtenden Wangen habe ich nie vergessen.

Samstag, 6. August, nachmittags

Ich bin noch dabei, in Selbstmitleid zu zerfließen, als das Telefon klingelt.

„Hi, wir sind unterwegs."

„So, wer noch?"

„Na, dein Sohn. Bis gleich …"

Mein Sohn. Ungefähr eine Woche habe ich ihn nicht gesehen. Auf der Intensiv vor der OP ging es mir richtig gut. Von der OP selbst bekam er gar nichts mit. Wie wird er reagieren, wenn er mich so sieht? Freut er sich? Fünfzehn Kilo weniger wiegt sein Vater. Gelblich bin ich, fast weiß. Ich greife zur Fernbedienung und drücke hastig den Knopf für die Krankenschwester.

Einen kurzen Moment später geht die Tür auf: „Alles okay?"

„Ja, nur … ich bekomme gleich Besuch …"

„Moment, ich hole Ihnen was zum Waschen." Manche Krankenschwestern können Gedanken lesen.

Mit der Schüssel am Bett wasche ich schnell mein Gesicht und putze meine Zähne. Die Schwester macht einen weiteren Lappen nass und wäscht meinen Rücken mit dem kalten Wasser ab. Ich genieße die Kühle auf meiner heißen Haut.

Gerade als die Schwester wieder mit den Utensilien verschwindet, schaut auch schon mein Sohn herein. Die Haare ganz kurz und er ist irgendwie größer, er scheint gewachsen zu sein.

Seine großen Augen aber verraten ihn: Er ist geschockt. Das ist nicht sein Vater! So hat er mich noch nie gesehen. Er blickt erschrocken auf die Schläuche, die aus meinem Hals herauskommen, und auf die Geräte hinter meinem Bett.

Die Bettdecke, die ich vorher vorsorglich bis zu meinem Kinn hochgezogen habe – er schlägt sie langsam zurück und starrt auf meine Narbe.

„Hättest du tot sein können?" Das ist alles, was er wissen will. Nur diese eine Frage.

Kinderfragen drücken manchmal den Finger in eine Wunde, manchmal sind sie sogar schärfer als das Skalpell eines Chirurgen. Es schmerzt und stellt den Erwachsenen vor eine schwere Entscheidung: Wahrheit oder Lüge? Soll ich das Kind mit der Realität konfrontieren oder in Watte packen? Keine leichte Entscheidung, die da in Sekundenbruchteilen gefällt werden soll …

Die Stille droht den Raum zum Bersten zu bringen. Meine Frau setzt sich auf einen Stuhl und blickt zu Boden. Die Pulsanzeige auf dem Monitor schlägt aus … ich halte die Luft an. Der fragende Blick des jungen Kerls bohrt sich durch meine Narbe tiefer in mein Herz, als je ein chirurgisches Instrument vorgedrungen ist. Ich räuspere mich, mein Hals fängt wieder an zu kratzen.

„Ja. Ich hätte tot sein können."

Unter Tränen fällt er auf mein Bett und schluchzt in meine Bettdecke. So habe ich ihn noch nie erlebt. Ich streichle seinen Kopf, während mir ebenfalls die Tränen über die Wangen laufen.

Scheiße, alles entgleitet mir. Was war das für eine Antwort! Zwar ehrlich, aber bescheuert. Warum konnte ich nicht einfach mal lügen – „Nein, mir ging es die ganze Zeit gut. Kein Problem, alles super." Irgendwie so etwas.

„Aber ich bin nicht tot. Und ich werde gesund. Gesünder als vorher. Das versprech ich dir!", versuche ich ihn zu trösten.

Es ist aber zu spät. Ich erreiche ihn in diesem Moment nicht mehr. Irgendwann spürt jedes Kind die Sterblichkeit der eigenen Eltern. Waren die Eltern vorher der feste Garant für ihre Sicherheit, müssen sie an einem Punkt im Leben plötzlich feststellen: Hey, meine Eltern werden mich nicht immer beschützen können. Irgendwann werden sie sterben und ich alleine für mich sorgen müssen.

Für meinen Sohn ist dieser Moment jetzt gekommen. Ich bin nicht mehr der starke, beschützende Part in seinem Leben. Ich bin ein Haufen Elend, ein Haufen Fleisch, dessen verkrampftes Grinsen nicht darüber hinwegtäuschen kann, dass es noch lange dauern wird, bis er wieder am normalen Leben teilnehmen kann. Ich glaube, für jeden Vater ist es hart, wenn sein Status den Zauber verliert und er nicht mehr der unbesiegbare Held ist.

Nach einer Weile verlassen die beiden mich wieder. Zurück bleiben das mitgebrachte iPad, ein Ladekabel und das schmerzende Gefühl, durch den Herzinfarkt zwar nicht das Leben, aber den Sohn, zumindest ein bisschen, verloren zu haben.

Ich wünsche mir, ich könnte wieder in mein grünes Zimmer flüchten, in diese andere Welt. Heute würde ich dort bleiben wollen.

43

Nichts wird mehr sein, wie es war ...

Samstag, 6. August, abends

Ich liege da und starre an die Decke. Irgendwie ist es mir nicht möglich, einen vernünftigen Gedanken zu fassen. Da dreht sich plötzlich mein Bettnachbar zu mir: „Haben Sie Herzkrankheiten in der Familie?“

„Nein, wieso?“, antworte ich etwas verdutzt.

„Naja, jetzt haben Sie es eben“, lacht er vor sich hin.

„Wie meinen Sie das?“

„Na, Ihr Sohn. Ich weiß nicht, was er mal an materiellen Dingen von Ihnen erben wird. Aber das Cholesterin und den Herzinfarkt sicher.“

„Meinen Sie?“

„Na, und ob ich das meine. Passen Sie auf ihn auf. Gehen Sie regelmäßig mit ihm zum Arzt und Kardiologen.“

„Hm, ja. Werd’ ich wohl tun müssen.“

Fast zeitgleich schalten wir unsere Fernsehgeräte ein. Sprechen bedeutet Anstrengung und dazu haben wir beide keine Lust. Was mein Bettnachbar sagte, geht mir nicht aus dem Kopf. Er hat Recht: Nicht nur ich leide unter meiner Krankheit, auch meine Familie. Die Situation ist für sie extrem belastend – nicht nur akut, zum Beispiel durch die Sorge und das dauernde Hin- und Herfahren. Auch langfristig sind sie gezwungen, die Einschränkungen des geänderten Lebens mitzutragen. Für mich zum Beispiel gibt es keinen Skiurlaub mehr. Ich schwimme auch in keinem Baggersee mehr so weit vom Ufer weg, dass ich nicht mehr stehen kann. Für meinen Sohn ist das nicht so toll. Er hat seinen Vater, der mit ihm Abenteuer bestand, verloren. Die Angehörigen werden nicht gefragt, ob sie all das wollen. Sie können nur mitmachen – oder zurückbleiben.

Um mich abzulenken, zappe ich wahllos durch die verschiedenen Kanäle. Ich fühle mich wie ein Inder, der in einem Märchenbuch der Brüder Grimm liest. Es wirkt alles fremd, unverständlich und so weit weg. Bald schalte ich die Glotze wieder aus. Es ist inzwischen 22:30 Uhr, ich greife nach meinem iPad und will Musik hören. Das Lied von Ultra Naté. Ich stecke die kleinen Kopfhörer ein und schiebe sie mir in die Ohren. Dann drücke ich die Play-Taste und schon erklingt mein Lied: „Free!“ Ich liege da, schließe die Augen und lausche dem Rhythmus und dem Gesang. Irgendwie trägt mich die Musik hinaus von hier, weit weg in eine andere Zeit. In eine Zeit, die viele Jahre zurückliegt.

Bunte Lichter um mich herum … hämmernde Bässe und vor mir eine wogende und tanzende Menschenmenge. Ich bin wieder

Plattenaufleger in einem großen Club. Ich begann immer zwischen 22 und 23 Uhr, ganz nach Lust und Laune. Ein Musikstück nach dem anderen spielte ich und brachte so die Leute und mich immer mehr in Stimmung. Erst so gegen 5 Uhr morgens legte ich dann das letzte Stück auf. Mal einen Klassiker von Frank Sinatra oder auch mal etwas, das damals aktuell war – „Märchenblau" zum Beispiel. Das Lied von Joachim Witt gehört heute noch zu meinen Lieblingsstücken. Mit diesem Lied im Ohr verließ ich morgens den Club durch die Hintertür und ließ mich auf den Fahrersitz meines Autos fallen. Ich kurbelte das Seitenfenster herunter und ließ die frische Luft herein, während sich der schwarze Himmel draußen langsam dunkelblau färbte – oder besser gesagt: märchenblau. Meist lauschte ich noch einen Moment den Vögeln, die begannen, den neuen Tag herbeizuzwitschern. Nachdem ich nach meiner Fahrt durch eine noch schlafende Stadt in meiner kleinen Wohnung angekommen war, ließ ich mich nur noch erschöpft auf mein Bett fallen. Während die laute Musik noch eine ganze Weile in meinen Ohren nachhallte, schlief ich ein.

Damals musste ich nicht daran denken, irgendwelche Tabletten zu nehmen. Ich konnte einfach so ins Bett. Selbstständig. Ich schlief, ohne an irgendwelche Geräte angeschlossen zu sein. Ich konnte laufen, Rad fahren, Auto fahren so lange und so oft ich wollte. Ich konnte über meinen Tag bestimmen. Ich war frei.

Ich stöhne auf und drücke abermals die Play-Taste des iPads und das Lied beginnt von vorn… So mache ich das noch ein paar Mal. Ich höre noch andere alte Lieder und sehne mich nach der unbeschwerten Zeit. Aber es gibt keinen Weg zurück. Ich will mich nicht in nostalgischen Gefühlen verlieren. Es gibt nur eine Richtung: nach vorn. Wenn ich nur in die Vergangenheit schaue, werde ich keinen einzigen Schritt vorwärtsgehen können.

Mein Bettnachbar schläft tief und fest. Langsam drehe ich den Kopf zur Seite und blicke verwundert durch das Fenster. Der Morgen bricht an. Draußen färbt sich der Himmel inzwischen wieder blau – märchenblau.

44

Keine Schuld ist dringender als die, Dank zu sagen.

Marcus Tullius Cicero

Sonntag, 7. August, fünf Tage nach der OP

Genussvoll beiße ich in die Honigsemmel hinein. Ich habe das Gefühl, dass ich Schritt für Schritt in Richtung Normalität vorankomme. Auch die Zeit läuft nicht mehr in Zeitlupe ab. Die Geschwindigkeit meines Lebens normalisiert sich wieder. Die Zeit ist immer noch zerdehnt, aber nicht mehr so stark wie am Anfang, als mir manche Minute wie ein Jahr vorkam.

Langweilig wird es mir an diesem Sonntag nicht. Die Besucher geben sich die Klinke in die Hand. Mit kratzender und leiser Stimme erzähle ich immer wieder, wie das auf der Autobahn und der Intensivstation war. Unter den vielen Besuchern an diesem schönen Sonntag sind meine Familie, meine Verwandtschaft, gute Bekannte und auch weniger gute Bekannte … Menschen, die ich eigentlich nur flüchtig kenne, rufen mich an und fragen mich, wie es mir geht. Die Anteilnahme dieser Menschen freut mich riesig und gibt mir das Gefühl, doch nicht ganz so alleine zu sein.

Meine Frau beugt sich zu mir: „Der ganze Ort weiß es. Es sprach sich herum wie ein Lauffeuer. Alle denken an dich und wünschen dir viel Kraft! Ich habe bei deiner Familie in Kalifornien angerufen. Auch von dort soll ich dir liebe Grüße sagen. In der Kirche dort haben sie alle für dich gebetet."

„Alle?", frage ich.

„Ja, alle!"

Die Kirche, der mein Onkel angehört, ist riesig. „Alle" bedeutet in diesem Fall: über tausend Menschen. Ich war schon einmal dort und war überrascht, welch großer Zusammenhalt und familiäre Stimmung, trotz dieser unglaublichen Größe, dort herrschen.

Als die Besucher gegangen sind, nehme ich mir mein kleines Notizbuch aus der Schublade. Ich habe begonnen, eine Art To-do-Liste zu schreiben. Ich nehme einen Stift und schreibe mit zittriger Hand unter die Überschrift „Was ich tun muss“: „Danke sagen!“

An diesem Abend wird es wieder spät, bis ich einschlafe und es ist abermals sehr früh, als ich am Montag wieder aufwache. 4 Uhr. Es ein Ritual geworden – mein Blick hinaus zum Fenster. Ich beobachte, wie es draußen langsam hell wird. Vor ein paar Tagen noch habe ich mich nicht nach draußen getraut, aber heute spüre ich diesen unglaublichen Wunsch, dort hinaus zu dürfen und diese frische Luft einzuatmen.

45

Es gibt ihn, den Schmerz, der dich alt werden lässt. Der alles Leben für eine Sekunde auslöscht und die Erde zum Stillstand bringt. Wenn er dann nachlässt, kehrt das Leben langsam wieder zurück, und die Erde beginnt sich wieder zu drehen.

Montag, 8. August

Endlich wieder Frühstückszeit. Hastig schlürfe ich den heißen Kaffee hinunter. Ein Teil der braunen Brühe rinnt mir das Kinn entlang. Das ist die reine Gier – nichts anderes. Ich habe einen riesigen Durst und einen wahnsinnigen Hunger.

Das Frühstück ist schnell erledigt. Erschöpft lehne ich mich in mein Kopfkissen zurück. Das Fenster und die Tür in dem Krankenzimmer – das sind die Verbindungskanäle nach draußen. Die Tür ist für die anderen da, es kommt jemand, es geht jemand. Sie haben ein Essenstablett in der Hand, Geräte zur Blutabnahme, einen Blumenstrauß … Vielleicht hat auch eine Schwester den Auftrag, mich in meinem Bett irgendwohin zu einer Untersuchung zu schieben. Das alles passiert ohne mein Zutun, niemand fragt mich, ob ich das alles will.

Aber das Fenster – das Fenster gehört mir. Immer, wenn ich möchte, schaue ich hinaus. Stundenlang kann ich den Wolken zuschauen, das ist besser als jedes Fernsehprogramm. Ich liebe das Blau des Himmels, man sollte alle Zimmer so streichen. Es wirkt auf mich irgendwie befreiend. Blau ist ab sofort meine Lieblingsfarbe.

Gerade, als ich in diesen Gedanken versunken bin, kommt eine Welle von Ärzten und Pflegern herein. Staunend werde ich von den vielen Augen angestarrt. „Unglaublich“, sagt der eine. „Wirklich bemerkenswert“, resümiert der andere. Eine Ärztin meint: „Seine Werte haben sich normalisiert. Keine Schmerzen, keine Vorkommnisse mehr.“

Der Chefarzt, der mit dem lässigen Polo-Hemd und der Porsche-Uhr, tritt näher an mein Bett: „Ihnen scheint es gut zu gehen … Ihre Narbe sieht unglaublich gut aus. Wir befreien Sie gleich von den Zugängen. Dann sollten Sie heute noch versuchen, ein bisschen zu gehen … ist gut für den Kreislauf und die Kraft.“

Ich soll abgenabelt werden? Endlich ohne diese Schläuche? Wie ein normaler Mensch? Ich freue mich wie ein kleines Kind.

Kurze Zeit später schwappt die Welle wieder hinaus aus dem Zimmer. Das war’s. Kurz und … schmerzlos. Ich will gerade zufrieden meine Augen schließen, da bemerke ich, dass die Gruppe einen Arzt vergessen hat.

Er tritt ganz nah an mein Bett. Im Gesicht trägt er eine besorgte Miene mit einem leichten Anflug von Bedauern. Das Bedauern gilt mir … komisch. Ich lege meine Stirn vorsichtshalber ebenfalls in Falten.

Eine Krankenpflegerin kommt mit einem Tablett. Mit geübtem Krankenhausblick erkenne ich sofort Schere, Pinzette, Pflaster, Mullbinde, Abdeckvlies. Auch die Krankenpflegerin legt die Stirn in Falten. Da glotzen wir uns nun alle an – quasi als Drei-Faltigkeit persönlich.

Dann der Arzt: „Wir werden Sie heute von den Kanülen befreien."

„Ja, gut!", antworte ich freudig.

„Ich muss Sie aber vorwarnen – es wird schmerzhaft werden."

„Wird es echt schmerzhaft oder wird es eher … sehr schmerzhaft?"

„Es wird sehr wehtun."

Meine Falte rutscht von meiner Stirn direkt hinunter in meine Magengegend, wo sie mit meinen Innereien einen Knoten bildet.

Vorsichtig entfernt die Pflegerin die Pflaster an der ersten Drainage und der Arzt beginnt, die Fäden, welche die Kanüle an ihrem Platz halten, mit einer feinen Schere zu durchtrennen. Mit einer Pinzette entfernt er die Reste.

Jetzt tritt die Pflegerin an die andere Seite des Bettes und schaut dem Arzt in die Augen. Das hat so gar nichts mit einer romantischen Szene gemein, sondern eher mit einem beginnenden Horrorszenario. Behutsam streichelt sie mir über den Arm … aber nicht zärtlich, sondern eher so … ich sag mal: startbereit und fertig zum Zupacken.

Der Arzt: „Wir machen es so – wir zählen gemeinsam bis drei, dann halten Sie die Luft kräftig an und ich zieh den Schlauch raus. Okay?"

„Okay!" Ich atme tief durch und schließe die Augen. Ich höre den Arzt: „Also … 1 …"

Genau in dem Moment, als ich die Zwei mit meinen Lippen bilden will, packt die Krankenschwester meine Arme und meinen Brustkorb und der Arzt reißt den Schlauch mit einem kräftigen Ruck aus meinem Innersten. Das Gefühl, als ob mir die gesamten Innereien herausgerissen würden, lässt mich laut aufschreien. Wie ein wilder Mustang bäume ich mich auf. Alles um mich herum wird schwarz – mein Körper schaltet auf Notstrom, um mit diesem bestialischen Schmerz, der meinen Körper durchjagt, fertig zu werden. Noch immer packt die Pflegerin mich fest und drückt mich aufs Bett, während mein Schrei langsam kraftlos wird.

In meinem Brustkorb klafft nun links ein blutendes Loch, das der Arzt sofort abdeckt und mit Wundauflage und Pflaster versorgt.

Ich atme wie nach einem 100-Meter-Sprint, während die Schwester langsam ihren Griff lockert.

„Wir mussten die Kanülen für die OP zwischen Ihren Rippen hindurchführen. Erfahrungsgemäß verkleben diese dann und bereiten diesen Schmerz, wenn man sie herausreißt“, entschuldigt er sich. „Ich glaube, wir machen mit den anderen drei morgen weiter.“

Noch drei Kanülen? Du meine Güte!

„Nein!“

„Nein?“

„Nein, ich will sie alle raus haben, jetzt!“, fordere ich entschlossen, denn ich will nicht mit der Angst vor dem nächsten Tag im Bett liegen. Besser bringe ich das jetzt hinter mich.

Arzt und Pflegerin blicken sich an.

Großhadern ist ein sehr großes Krankenhaus. An diesem Morgen ist es erfüllt von meinen Schreien. Manch einer wird sich gefragt haben, ob hier auch Foltermethoden getestet werden.

Nachdem alle Löcher zugeklebt sind, wischt sich der junge Arzt den Schweiß von der Stirn und verlässt wortlos mit der Pflegerin den Raum. Ich schätze, er braucht jetzt erst mal eine Zigarette oder einen Schnaps. Auch ich bin fertig. Es waren Schmerzen, wie ich sie noch nie zuvor erlebt habe. Und das will was heißen.

Wenn jemand einen Herzinfarkt hat, dann können ihn furchtbare Schmerzen, gemischt mit Todesangst und dem entsetzlichen Gefühl des Ausgeliefertseins, zu Boden werfen. In der Medizin spricht man auch vom Vernichtungsschmerz. Ich weiß, wie der sich anfühlt, und kann sagen: Der hat seinen Namen zu Recht.

Ich hätte nie im Leben gedacht, dass es einen Schmerz gibt, der noch stärker, mächtiger sein könnte. Mein Herzinfarkt hat mir die Luft zum Atmen genommen, mich in die Knie gezwungen, mich aus meinem alten Leben herauskatapultiert. Aber der Schmerz, den ich gerade vierfach aushalten musste, der ging noch tiefer. Er hat mich ausgelöscht.

Ich sacke in mich zusammen und gnädigerweise schlafe ich ein.

46

Ich blicke ins Leere. Irgendjemand kommt zur Türe herein, schaut auf mich herunter. Ich blicke durch die Person hindurch auf die Decke über mir, ihre Fragen ignoriere ich. Ich bin allein.

Nach dem schlimmsten Schmerz meines Lebens

Knapp zehn Tage bin ich nun im Krankenhaus. Erst verlor ich mein Selbstbestimmungsrecht: Ich durfte nicht auf die Toilette, wann ich wollte, ich wurde am gesamten Körper rasiert, ich musste eine lange Zeit hungern. Dann wurde mir wie einem Brathähnchen der Brustkorb aufgeschnitten. Mein Herz wurde zum Stillstand gebracht, getötet, es wurde daran herumgenäht und dann wurde es mit Stromschlägen wieder zum Laufen gebracht.

Das alles habe ich über mich ergehen lassen – ohne Jammern, immer mit einem Rest Hoffnung, dass alles wieder gut werden wird. Aber diese Schmerzen vorhin … Mit dem Herausreißen der Drainagen aus meinem Körper haben sie nun das letzte Stück Leben aus mir herausgerissen. Ich fühle mich leer. Meine Seele, mein Lebenswillen, wird wohl gerade mit dem Kliniksondermüll in einem Plastiksack entsorgt.

Den Menschen in mir gibt es irgendwie nicht mehr. So schnell geht das: Heute früh hatte ich mich noch so gut gefühlt, aber der Schmerz gerade war einfach zu viel. Er hat mich fertig gemacht. Ich will nicht mehr. Aus … Ich ziehe mich ganz tief in mich zurück. Wenn jemand kommt und mich etwas fragt, weigere ich mich, ihn wahrzunehmen. Ich gebe keine Antworten mehr. Ich gebe gar nichts mehr. Ich stelle mich tot.

Klapperndes Geschirr verrät mir, dass es Mittagessen gibt. Ich brauche es nicht mehr. Ich ziehe meine Zudecke bis zu meiner Nasenspitze hoch. Ich will nicht, dass mich jemand sieht. Ich will nicht mehr nackt, nur mit Shorts bekleidet, daliegen. Ich will entweder gesund sein – oder tot. Jetzt.

Es ist nur noch dieser kleine Funke in mir, der mich von dieser anderen Welt des grünen Zimmers trennt. Nur ein winziger Funke. Wenn der erlischt, bin ich Vergangenheit.

Wie hält man einen solch kleinen Funken am Glimmen? Meine Kraft schwindet. Ich blicke in mich selbst hinein und sehe die Dunkelheit in mir immer größer werden, spüre, wie sie sich an meine inneren Wände krallt. Das strahlende Licht, das einst mein Innerstes ausgeleuchtet hat, ist beinahe verschwunden. Nur dieser kleine Funke ist noch da. Rot und – fremd.

Hilfe!, schreibe ich mit zittrigen Gedanken von innen an meine Schädeldecke. Hilfe! … Was soll ich denn noch alles aushalten?

„Kommen Sie!"

„?"

„Kommen Sie mit mir! Auf geht's!"

Ich öffne langsam die Augen. Im gleichen Moment packen mich vier Arme und richten mich auf. Wie durch einen Vorhang blickend, erkenne ich am Ende des Bettes einen Rollstuhl. Die freundliche Dame, die mit mir das Gehen übt, schiebt mir den Rollstuhl näher. Die beiden Pfleger platzieren mich gekonnt darin. Ehe ich protestieren kann, schiebt mich die Dame zur Türe hinaus durch den langen Flur. Wie benommen sitze ich in dem fahrenden Stuhl und lasse alles mit mir geschehen.

„Ich weiß, was Ihnen jetzt guttut!"

Interessiert überhaupt irgendjemanden, was mir guttut?, denke ich.

Noch im selben Moment hüllt mich plötzlich gleißendes Licht ein, packt mich ringsherum und drückt mich an seine Brust. Das Licht fährt durch mich hindurch, füllt mich aus, wärmt mich und pumpt mich voll mit Leben. Die Dunkelheit, die eben noch von mir Besitz ergriffen und mir alle Hoffnung ausgesogen hatte, schwindet auf einen Schlag. Ich bin draußen – im Freien, in der Natur.

Die Dame hat mich durch den Eingang des Krankenhauses ins Freie geschoben. Keine künstliche Krankenhausluft, sondern frische

Sommerluft füllt meine Lungen. Das Gefühl raubt mir sprichwörtlich den Atem. Die Sonne lässt mich langsam wieder los und zieht sich behutsam zurück an den Himmel.

Als sich meine Augen an die Helligkeit gewöhnt haben, blicke ich nach oben … zwei kleine Wolken kleben am blauen Himmel. Sie sind wundervoll anzusehen. Es riecht alles so gut. Mir wird schwindlig … Bäume … mein Gott, wann habe ich zuletzt einen Baum so nah vor mir gesehen? Während ich langsam meine Lungen wieder kontrollieren kann, rinnen mir Tränen wie Sturzbäche die Wangen hinunter und ich schluchze befreit. Auch meine Begleiterin kann nun ihre Tränen nicht mehr verbergen.

Das Leben ist so schön!

Ich sitze noch eine Weile da und genieße es. Tod und Leben, Freud und Leid – beides geht Hand in Hand durch diese Welt.

Als mich die Dame wieder durch die Krankenhausgänge zurückschiebt, muss ich lachen.

„Über was lachen Sie?"

„Ich sitze in einer Achterbahn. Verrückt! Ich sitze in einer verdammten Achterbahn!"

47

Gott, was ist Glück! Eine Grießsuppe, eine
Schlafstelle und keine körperlichen Schmerzen –
das ist schon viel. Theodor Fontane

Montag, 8. August, abends

Das Telefon klingelt. Die Familie kündigt sich an: „Wir sind in ein paar Minuten da."

Ich drücke die rote Taste an meinem Bett. Kurz darauf erscheint eine Krankenpflegerin: „Was haben wir denn?"

„Ich habe nichts. Ich möchte aufstehen."

„Aber …"

„Stöpseln Sie mich bitte ab!" Damit meine ich das letzte Kabel, das noch aus meinem Bauch hängt und an ein Gerät angeschlossen ist. Nach einem kurzen Moment bin ich abgenabelt. Nach drei vergeblichen Versuchen schaffe ich es endlich, mich im Bett aufzurichten und die Beine seitlich herauszuhängen. Ich greife nach meinem T-Shirt, das über dem Stuhl neben meinem Bett hängt.

Dann rutsche ich etwas vor, bis meine Füße Bodenkontakt haben. Ich fühle mich an meine Schulzeit erinnert, als ich im Schwimmunterricht zum ersten Mal vom Dreier springen musste. Ich stand eine gefühlte Ewigkeit an der Kante des Sprungturms, ehe ich allen Mut zusammenfasste und sprang.

Ich springe … zittrig, schwankend und unsicher stehe ich. Aber ich stehe – allein. Die Pflegerin stützt mich in Gedanken, nahe bei mir, jederzeit bereit, mich aufzufangen. Ich halte mich am Bettende fest und setze einen Schritt vor den anderen. Es dauert gar nicht lange, bis wir die Zimmertüre erreichen. Langsam schreite ich hinaus, und am Stationsempfang freuen sich wieder ein paar nette Gesichter, dass ich beschlossen habe, weiterzumachen.

„Wohin möchten Sie?", fragt mich die junge Frau.

„Zur Besucherlounge."

Auf dem Weg dorthin merke ich, wie mir langsam schwindlig wird. Gerade noch rechtzeitig schaffe ich es auf das weiße Leder. Krumm sitze ich da, aber von Stolz erfüllt, es allein so weit geschafft zu haben.

Von weitem höre ich vertraute Stimmen: „Der Papa ist nicht im Zimmer!"

„Wo ist er?"

Und da biegt meine Familie auch schon um die Ecke. Ich glaube, für meinen Sohn ist es ein wichtiger Moment. Sein Vater, mal nicht in einem Krankenbett, sondern einfach auf einer Couch sitzend. Wir lachen und ich erzähle ihm, wie tapfer ich war, als sie mir die Schläuche rausrissen.

„Und hat es nicht wehgetan?“

„Nur ein bisschen. So etwas haut mich doch nicht um! Ich bin auch schon fast wieder gesund“, erzähle ich stolz.

„Echt? Dann kannst du doch bald heim …“, freut sich der Kleine.

„Na, klar komm ich bald heim“, hoffe ich für mich. Aber eigentlich hofft nur derjenige etwas, der Wünsche hat. Und im Moment bin ich einfach nur wunschlos glücklich.

48

In den Nächten kurz nach meiner Herz-OP habe ich gelernt, in mich zu hören. Dann kam die Zeit, wo ich lernte, das aufzuschreiben, was ich in mir hörte.

Dienstag, 9. August

Normaler Krankenhausalltag. Die Tage verbringe ich im Halbschlaf, nur unterbrochen durch die Gehübungen. Der Höhepunkt jedes Tages aber ist die Besuchszeit. Heute besucht mich ein Freund, den ich schon länger nicht mehr gesehen habe. Wir sitzen in der Besucherlounge und unterhalten uns über einen sehr guten Freund von ihm, der im Sterben liegt – Lungenkrebs. So merkwürdig das klingt: Mir tut das Gespräch gut, denn endlich kreist das Gespräch mal nicht um mich und meine Krankheit, und außerdem habe ich plötzlich das Gefühl, sehr gesund zu sein.

Als er geht, höre ich Musik mit meinen kleinen weißen Ohrstöpseln. Um 23 Uhr versuche ich zu schlafen. Gegen 2 Uhr gelingt es mir. Um 2:30 Uhr bin ich wieder wach. Nach zwölf Tagen in der Klinik ist meine innere Uhr völlig aus dem Takt geraten. Am Anfang habe ich mir noch Sorgen gemacht: Du musst doch schlafen! Dann fiel mir auf: Den Schlaf kann ich jederzeit nachholen.

Draußen ist es stockdunkel. Ich denke in aller Ruhe über vieles nach: Erlebtes, Freunde, Familie, meine Kindheit, meine Eltern, Gott, der Tod, mein Leben. Draußen wird es langsam hell, zarteste Farbnuancen wechseln sich ab. Ich freue mich auf das Frühstück. Als ich mich mit einem Marmeladenbrötchen, einer Banane und unzähligen Tabletten gesättigt habe, schlafe ich ein.

Im Krankenhaus schläfst du dauernd … im Krankenhaus schläfst du nie – beides stimmt irgendwie. Nicht Mond und Sonne bestimmen den Biorhythmus, sondern Arztvisite, Essens- und Besuchszeiten. Eine Einteilung in Tag und Nacht ist sinnlos: Du liegst ja sowieso dauernd im Bett! Also machst du mal ein Nickerchen, bis dich das Geklapper von Geschirr oder medizinischen Geräten wieder weckt. Das ist ganz normal so.

Wenn ich nachts hellwach aus dem Schlaf auftauche, versuche ich gar nicht erst, wieder einschlafen. Denn es wäre zwecklos. Es ist eines der Urprinzipien im Leben: Je mehr du hinter etwas herläufst, desto mehr flieht es vor dir. Das gilt für Schlaf genauso wie zum Beispiel für Geld. Oder für Respekt. Es gibt kaum etwas Lächerlicheres als einen Menschen, der wie ein Rumpelstilzchen Respekt einfordert. Je mehr er darauf besteht, desto weniger wird er ihm entgegengebracht.

Je entspannter du bist, desto eher kommt all das, was du dir wünschst, zu dir. Es kommt von allein. Natürlich musst du den Boden bereiten: Wenn du Geld willst, solltest du deine Hände nicht in den Schoß legen. Und wenn du schlafen willst, ist es gut, wenn du dir nicht noch einen starken Kaffee aufbrühst.

Auch heute noch bin ich ganz entspannt, wenn ich nachts aufwache – und das passiert häufig, denn zu einem normalen Achtstundenschlaf habe ich nach meiner Herz-OP nie wieder zurückgefunden. Dann arbeite ich an meinem Blog und genieße einfach nur die Ruhe der Nacht. Ich habe gemerkt: Ich brauche gar nicht mehr so viel Schlaf. Vielleicht habe ich auch früher nicht so viel davon gebraucht, aber gedacht: Wenn fast alle Menschen zwischen 23 und 6 Uhr im Bett liegen, dann muss ich das doch auch tun.

Muss ich aber gar nicht.

49

Also, sobald wir wieder sauber sind und 'n bisschen Pomade im Haar haben, werden wir uns 100% besser fühlen. Everett in „Oh Brother, Where Art Thou?"

Mittwoch, 10. August

Ich höre Gemurmel rings um mich herum. Erst ganz leise und dann immer lauter werdend. Ich schrecke hoch und blicke in ein Dutzend Gesichter. Arztvisite, wieder mal. Alle lächeln mich an, mustern mich und lächeln wieder.

„Guten Morgen, Herr Gaw!" Der Lässigste von allen ergreift wieder das Wort und fügt hinzu: „Sie sehen gut aus! Fühlen Sie sich auch so?"

„Eigentlich ja ...", antworte ich zögernd.

„Wie ich hörte, waren Sie gestern schon spazieren."

„Ja, ich wollte mal unter die Leute", erkläre ich mit etwas Sarkasmus in der Stimme.

„Das ist gut. Haben Sie irgendwelche Schmerzen?"

„Nein."

Ohne Vorwarnung drückt er mir in den Brustkorb.

„Hier auch nicht?"

„Nein – nicht wirklich." Zu meiner Verwunderung tat es wirklich nicht weh. Unangenehm ja, aber es waren keine Schmerzen.

„Auch sonst keine Beschwerden?"

„Nein. Nur meine Hände sind oft pelzig. Ich spüre dann die Finger nicht mehr."

„Das kommt von der OP. Wir mussten Sie sieben Stunden lang auf dem OP-Tisch so festmachen ..." Mit beiden Armen holt er weit aus und steht nun im Zimmer, als wäre er gekreuzigt.

„Aha", bewundere ich seine Erklärung.

„Da wird schon mal ein Nerv eingeklemmt. Sollte sich aber mit der Zeit normalisieren."

Warum redet er heute so gut gelaunt mit mir? Irgendwas stimmt doch nicht. Warum grinsen sie alle? Mir ist unbehaglich zumute.

Der Chefarzt spitzt seine Lippen und saugt Luft ein. Das pfeifende Geräusch steigert die Konzentration im Raum. Auch mein Bettnachbar ist inzwischen neugierig geworden, was da gleich passiert.

Wie ich hörte, ist für Ihre Reha nach dem Krankenhausaufenthalt gesorgt. Dort wird man Ihnen alles beibringen, was Sie für den Alltag benötigen. Ein Herzinfarkt, wie Sie ihn hatten, ist eine sehr langwierige Angelegenheit. Der ist auch in einem halben Jahr noch nicht vergessen.“

Was will er mir denn sagen?

„Ihre Werte sind aber erstaunlich gut. Sie wirken auch echt fit. Ich will es kurz machen …“

Na endlich – sag schon!

„Wollen Sie nach Hause?“

…

…

…

Ich sitze mit aufgerissenen Augen in meinem Bett. Mir stockt der Atem und ich … ich weiß nicht. Mir wird schwindlig vor Aufregung.

„Ich, ich … Meinen Sie, ich könnte nach Hause?“

„Ja, das meinen wir. Wenn Sie das wollen, sind Sie zum Wochenende hier raus und in Ihren eigenen vier Wänden. Am Montag nächste Woche beginnt Ihre Reha.“

„Dann wäre ich zuerst bei mir daheim?“

„Ja. Sie könnten sich zwei oder drei Tage zuhause ausruhen, bevor es an die Arbeit geht.“

Er lächelt. Alle lächeln. Auch ich.

Nach Hause. Wie sich das anhört …

„Wir trauen Ihnen das zu. Sie haben schon wieder so viel Leben in Ihren Augen. Bei Ihnen ist nichts von einer Depression zu spüren, wie bei vielen anderen Herzpatienten. Und ich betone es nochmal – die Reha ist besonders wichtig, um wieder auf die Beine zu kommen!“

„Ja, klar. Natürlich gehe ich zur Reha. Das mach ich!" Den letzten Satz flüstere ich mehr zu mir selbst.

Die Ärzte, Pflegerinnen und Pfleger blicken sich nickend an und der Chefarzt reicht mir die Hand: „Gut, dann sind wir uns einig. Sie schaffen das alles, da habe ich ein ganz gutes Gefühl. Mein Personal wird alles für Ihre Entlassung vorbereiten. Am Freitag sind Sie dann draußen!"

„Freitag? Das ist ja schon übermorgen!"

„Genau. Bleibt nicht mehr viel Zeit fürs Kofferpacken."

Lachend zieht die weiße Karawane wieder aus meinem Zimmer.

Aufgeregt, zittrig und den Tränen nahe greife ich zum Telefon und wähle die Nummer meiner Frau.

50

Abgekabelt – abgenabelt. Die Abreise rückt näher. Morgen ist es so weit. Morgen findet mein Alptraum sein Ende ... oder beginnt er erst?

Mittwoch, 10. August, irgendwann tagsüber

„Der Arzt war da."

„Und?"

„..."

„Sag schon! Was hat er gesagt?"

„Ich darf raus!"

„Du darfst was?"

„Ich werde entlassen! Ende, aus, bin fertig hier."

„Wann denn?"

„Übermorgen!"

„Übermorgen ist Freitag! Die Reha beginnt wenn, dann erst am Montag."

„Ich weiß … ich komme heim! Ich bin das ganze Wochenende zuhause!“

„…“

„Sag was! Freust du dich denn gar nicht?“

„Schon, aber …“

„Was aber?“

„Du bist noch halb tot. Wie soll ich dich pflegen? Ich bin kein Arzt.“

„Aber es geht doch schon wieder.“

„Eben nicht. Es ist was anderes, im Krankenhaus versorgt zu werden, als daheim zu liegen. Was ist, wenn dein Herz wieder aussetzt?“

Es wird still am Telefon. Meine Freude hat sich verflüchtigt. „Ich freu mich trotzdem!“

„Wir uns doch auch. Es ist nur so, dass ich besorgt bin um dich. Aber wir werden das hinbekommen. Wie kommst du heim?“

„Mit Euch … im Auto.“

„Die spinnen echt. Ich soll dich in deinem Zustand eine Stunde lang durch den Münchner Verkehr nach Hause chauffieren?“

Nach dem Telefonat liege ich nachdenklich auf meinem Bett. Ich hatte mich so gefreut … Am 28. Juli hatte ich zuletzt die Haustüre abgeschlossen, als ich zur Arbeit fuhr. Ich wollte nur für vier Stunden geschäftlich nach München reisen; das war vor dreizehn schmerzvollen Tagen. Seitdem war ich nicht mehr daheim, ich sehne mich nach dem Garten, dem Beieinander am Esstisch, meiner Harley. Vor allem will ich meinen Hund Spike wiedersehen. Er fehlt mir. Klar verstehe ich die Einwände … ich kann nicht mal meine Zähne selbst putzen. Aber irgendwie wird es schon klappen, da bin ich mir sicher.

„So, wir müssen noch den Herzschrittmacher entfernen.“ Freudig stürmt die Pflegerin in mein Zimmer und reißt mich aus meinen Gedanken.

„Ich hab doch gar keinen“, gebe ich ihr verblüfft zur Antwort.

Lächelnd zeigt sie auf meinen Bauch: „Und was hängt da noch für ein Kabel raus?“

Komisch, das Teil hatte ich ganz vergessen – ein dünnes schwarzes Kabel, das unter einem Pflaster hervortritt.

„Das tut nicht weh, wird aber ein komisches Gefühl."

Ich schlucke.

Behutsam entfernt sie das Pflaster, dann nimmt sie das Kabel in die Hand. Auf meiner anderen Seite hat sich inzwischen eine andere Pflegerin postiert, die meine Stirn streichelt.

Langsam spannt die andere das Kabel und beginnt vorsichtig zu ziehen… Knapp unter meinem Herz spüre ich ein leichtes Stechen, und dann fühle ich, wie das Kabel durch meinen Oberkörper gezogen wird. Tatsächlich tut es nicht weh, das Gefühl aber ist unbeschreiblich abgefahren.

Die Krankenpflegerin lächelt: „So, das haben wir. Jetzt sind Sie komplett abgekabelt."

Plappernd und kichernd verlassen die beiden wieder das Zimmer. Und ich, ich fühle mich befreit.

51

Wie hypnotisiert schaue ich zu, wie in stetem Strom mein Blut in den Abfluss hineinläuft, hinunter in die Abwasserkanäle des riesigen Krankenhauses. Es will gar nicht mehr aufhören zu bluten. Ich beobachte mich wie aus tausend Kilometern Entfernung und frage mich: Was passiert eigentlich, wenn ich hier einfach in der Dusche sitzen bleibe?

Donnerstag, 11. August, nachmittags

Ich starre an die weiße Zimmerdecke. Da meldet sich mein Bettnachbar zu Wort: „Viel zu früh. Aber so ist das heute… Operieren und raus."

„Mag sein, aber ich freu mich trotzdem.“

„Und was machen Sie dann zuhause?“

„Naja, am Montag muss ich in die Reha … aber vorher will ich einfach drei Tage mal daheim sein.“

„Sie dürfen nicht enttäuscht sein … alles wird anders sein.“

Was meint er? Ich will es gar nicht wissen. Ich drehe mich, so gut es eben geht, demonstrativ etwas auf die andere Seite. Denn richtig auf der Seite liegen kann ich nicht – das könnte den Brustkorb aufreißen.

Aber der Satz meines Bettnachbarn geht mir nicht aus dem Kopf. Ich will ihm zeigen, dass er Blödsinn redet. Gar nichts wird anders sein! Ich bin fast schon wieder gesund! Ich greife zur Fernbedienung und drücke die rote Ruftaste für das Krankenpersonal. Dann versuche ich mich aufzusetzen. Es gleicht einer Akrobatikübung, mit verschränkten Armen aufzustehen. Ich drücke nochmals an der Fernbedienung herum – das Kopfende meines Bettes fährt in die Senkrechte hoch, hilflos rutsche ich mit meinem Oberkörper unkontrolliert in Richtung Fußende, ein heftiger Schmerz fährt mir in die Brust. Eingeklemmt kauere ich auf meinem Bett und bin froh, als der junge Krankenpfleger erscheint.

„Um Gottes willen, was machen Sie da?“, entfährt es ihm.

Schnell eilt er mir zur Hilfe und richtet mich auf. Mit einem Schwindelgefühl sitze ich auf der Bettkante.

„Ich würde gern duschen …“, bitte ich den Pfleger.

„Klar, dürfen Sie. Kommen Sie mit!“

Er greift mir unter die Arme und wir schleichen zum Badezimmer. „Ich will aber alleine duschen. Bitte!“

„Ja, gut. Ich bereite Ihnen alles vor.“

Ich halte mich am Waschbeckenrand fest, während er einen Hocker unter dem Duschkopf platziert. Dann legt er ein sorgfältig gefaltetes Handtuch darauf.

„Das Handtuch – da dürfen Sie sich draufsetzen, ist bequemer. Das darf ruhig nass werden. Moment, ich hole Ihnen Ihren Waschbeutel.“

Nach einem kurzen Moment ist er wieder mit meinem Duschgel da.

Während er das Wasser anstellt, streife ich meine Shorts die Beine hinunter.

„Ziehen Sie an der Leine, wenn was ist. Ich lass die Türe ein bisschen angelehnt. Und passen Sie auf, dass die Narbe nicht zu viel Wasser abbekommt."

Endlich bin ich allein. Langsam lasse ich mich auf dem Hocker nieder und schließe die Augen. Meine Arme vor der Brust verschränkt, spüre ich den warmen Regen, wie er auf meine ausgetrocknete Krankenhaushaut prasselt.

Wieder einmal blitzen Polaroidaufnahmen meines Herzinfarkts in meinem Kopf auf… das Kreuz, die vorbeifahrenden Autos, der Parkplatz und die beiden Engel, die mich abholten. Das alles untermalt von Stimmen: „Puls 200", „Ihr Herz ist zum Teil abgestorben!", „Wir müssen operieren…" Die Worte hallen in meinem Hirn wider.

Noch immer prasselt das Duschwasser auf mich nieder. Ich beginne zu frieren. Eine Gänsehaut überzieht meinen rasierten Körper. Aus dem Loch unterhalb meiner Rippe, dort, wo ein Zugang war, rinnt plötzlich Blut. Zunächst einer feinen Ader gleich sucht es sich seinen Weg hinunter. Aus dem feinen Rinnsal wird allmählich ein breites Rinnsal. Ich schaue regungslos zu. Wie es wohl bei meiner OP war? Ich habe viel Blut verloren, sagten sie mir. Wo ist das hingekommen?

Ich greife gemächlich, so als wäre alles in Ordnung, zum Duschgel und seife mich langsam ein. Wenigstens möchte ich sauber riechen, wenn sie mich finden, überlege ich, während ich versuche, mich zu waschen.

Plötzlich höre ich die Stimme von Schwester Marina: „Geht es Ihnen gut?"

Ich antworte nicht. Da steht sie einen kurzen Moment später neben mir und dreht das Wasser ab.

„Da hat sich ein Pflaster gelöst, Sie bluten!" Sie ist ganz gelassen.

„Oh… tatsächlich… das habe ich gar nicht bemerkt", lüge ich frech.

Sie nimmt ein großes Handtuch und legt es um meine Schulter. Mit einem kleineren trocknet sie meine Beine ab und wischt das Blut beiseite. Geschickt platziert sie ein neues Pflaster, wo soeben noch ein tiefes Loch klaffte.

„Ich darf morgen raus“, lenke ich gekonnt ab.

„Ja, habe ich gehört. Ist schade.“

„Schade? Finden Sie auch, dass es zu früh ist?“

„Nein, aber wir haben Sie gerne hier. Sie sind irgendwie immer gut drauf.“

„Gut drauf? Ich bin halb tot und gar nicht mehr ich selbst.“

„Ja. Aber trotzdem … Sie lächeln immer.“

Hm, fiel mir noch nie auf.

Nach einer Weile liege ich wieder in meinem Bett.

Schwester Marina: „Soll ich Sie noch mit dem Kühlgel einreiben?“

„Oh ja, gerne!“

Während Marina mir den Rücken damit einreibt, grinse ich. Klar bin ich gut drauf, schmunzle ich in mich hinein.

52

Eigentlich fühle ich mich hier wohl. Hier habe ich alles, was ich brauche. Meine Geräte hinter mir, den Sauerstoff und die Ärzte. Angst kriecht meine zittrigen Beine hoch und greift nach meinem Herz. Instinktiv fasse ich an meinen Brustkorb.

Donnerstag, 11. August, abends

Um mich herum sind lauter bunte Lichter. Ich erkenne Menschen, die wie eine wogende Masse zu wummernden Bässen tanzen. Arme werden in die Höhe gereckt und es wird gefeiert. Ich habe plötzlich den Wunsch, in dieser Masse aufzugehen … mitzufeiern. Als wäre nichts gewesen.

Aufgeregt dränge ich mich auf die Tanzfläche. Ich weiß nicht, warum ich mein Hemd aufknöpfe, aber es fühlt sich gut an. Freundliche Gesichter lächeln mir zu und ich bin einfach nur glücklich, während ich tanze.

„Papa!"

Die Musik bricht plötzlich ab.

„Papa, wir sind da!"

Ich öffne die Augen und blicke meinem Sohn ins Gesicht.

„Wir sind da", wiederholt er.

„Hey, klasse! Ich bin wohl eingeschlafen."

Endlich wieder Besuch, ich freue mich. Gleichzeitig denke ich nochmals an meinen Traum – ich will richtig tanzen gehen, irgendwann. Ich will gesund werden und dann will ich eine ganze Nacht mit offenem Hemd tanzen.

„Stimmt es, dass du morgen raus darfst?"

„Ja, das stimmt! Morgen komme ich heim."

„Cool! Ich freu mich", lächelt er mich an.

Meine Frau hat mir Wäsche und Kleidung mitgebracht. Die Entlassung rückt nun in greifbare Nähe. Während mein Sohn wie immer mit der Fernbedienung des Bettes spielt und mich hoch und runter fährt, kommt mir eine Idee.

„Was hältst du davon, mir das Krankenhaus zu zeigen?"

„Schon, aber wie?"

Meine Frau verlässt das Zimmer und holt einen Rollstuhl: „Damit!"

Das gefällt dem Jungen.

Ich fahre die Rückenlehne meines Lagers hoch und rutsche auf die Bettkante. Dann ziehe ich mir ein kariertes Hemd über, knöpfe es aber gleich wieder auf – der Stoff fühlt sich unangenehm auf der Narbe und der angrenzenden Haut an.

„Was machst du da?", fragt mein Sohn. Er ertappt mich, wie ich wieder meine Hände schüttle. „Meine Finger schlafen immer wieder ein und sind pelzig. Ich muss sie immer wieder aufwecken." Immer öfter, denke ich mir in diesem Moment.

Meine Frau schiebt den Rollstuhl ans Bett. Mit zittrigen Beinen setze ich mich hinein, und mein Sohn übernimmt das Steuer. Was folgt, ist eine aufregend rasante Fahrt durch den riesigen Krankenhauskomplex. Verständnislose Blicke verfolgen unser Rennen durch die verschiedenen Stationen. Die neugierigen Blicke auf meine große Narbe ignoriere ich einfach.

Als wir in meinem Zimmer ankommen, fühle ich mich ganz schön erschöpft. „Es ist ja riesig hier", staune ich.

Meine Frau lacht: „Ich kenne das Haus inzwischen auswendig. War ja oft hier. Aber morgen ist es vorbei!"

Morgen ist es vorbei. Morgen. Ist es das? Mit einem Lächeln wische ich die Sorgen weg: „Ja, morgen beginnt ein neues Leben."

Die Fahrt durch das riesige Krankenhaus war anstrengend. Aber ich bin glücklich, schließlich war es schon fast ein Stück Normalität, die ich mit meinem Sohn erleben durfte. Von nun an geht es nur noch bergauf, denke ich.

Ich bin durstig. Ich greife zu meinem Glas Wasser neben dem Bett, um einen Schluck zu trinken, als es mir plötzlich durch die Hand rutscht und auf dem Boden mit lautem Klirren zerbricht. Um die Scherben bildet sich eine große Wasserlache.

Zunächst verärgert über meine eigene Schusseligkeit wird mir die Ursache bewusst: Meine Hände sind wieder einmal taub geworden.

53

Vier eigene Wände machen einen Menschen frei.

Aus Persien

Donnerstag, 11. August, spät abends

Wenn meine Hände wieder mal pelzig werden, schüttle ich sie – als würde ich Wasser von meinen Händen abschütteln. Nach einer Weile verschwindet dann das Kribbeln. Aber jetzt kann ich den kleinen Finger und den Ringfinger überhaupt nicht mehr spüren. An beiden Händen. Verzweifelt haue ich die Hände auf meine Matratze, in der Hoffnung, dass wieder das Leben in sie zurückkehrt.

Ich versuche mich abzulenken, indem ich an schöne Sachen denke. Morgen darf ich raus aus dem Krankenhaus. Weg von den Krankenhaus-Gerüchen und -Geräuschen, weg von der Krankenhaus-Routine. Das ist schon Grund genug, aufgeregt zu sein. Aber ich darf nicht nur *weg* von einem Ort, an dem ich eigentlich gar nicht sein will, ich darf auch *hin* zu einem Ort, nach dem ich mich sehne: nach Hause. Endlich nach Hause. Meine Sehnsucht zittert in meinem Körper.

Ich sehe vor meinem geistigen Auge, wie ich nach Hause komme und mein Hund springt an mir hoch. Sein kurzes, festes Fell kann ich fast schon unter meinen Händen spüren. Ich vermisse es auch so sehr, einfach nur aufstehen zu können, um an den Kühlschrank zu gehen und mir etwas herauszuholen … etwas, das ich mir selbst ausgewählt habe, und was mir nicht einfach vorgesetzt wird. Oder eine der alten Star-Wars-Episoden auf DVD anzuschauen.

Wieder einmal schlafe ich nicht viel in dieser letzten Nacht. Vielleicht zwei Stunden? Als die Sonne aufgeht, fühle ich mich dennoch ausgeschlafen und fit. Zum letzten Mal genieße ich das Geklapper des Frühstücksgeschirrs. Der Kaffee schmeckt so gut wie nie, und mein Frühstücksei schlinge ich beinahe unzerkaut in mich hinein.

Ich blicke wieder zum Fenster hinaus, nehme Abschied von der Aussicht. Nie mehr will ich in einem Krankenhausbett liegen. Ich will überhaupt nicht mehr in einem Zimmer liegen, nur noch draußen sein in der Natur. Alles wird anders werden. Ich werde gesund leben. Mein Hochgefühl ist unbeschreiblich. Aber irgendwie beobachte ich mich auch von außen und schmunzle ein wenig über meine Aufbruchsstimmung – oder sollte ich sagen: meine Naivität?

54

Eine Pflegerin legt eine längliche Schatulle auf meine Ablage: „Diese Tabletten nehmen Sie bitte bis zur Reha! Dort wird man Ihnen weitere Medikamente verschreiben." In der Box zähle ich über zwanzig Tabletten – für zwei Tage ...

Freitag, 12. August, morgens

Abschlussvisite. Ein Pulk weißer Kittel steht um mich herum.

„So, Sie dürfen heute nach Hause. Sind Sie froh?"

„Ja ... schon."

„Gut. Wie kommen Sie nach Hause?"

„Meine Frau holt mich heute Nachmittag mit dem Auto ab."

„Es gibt da etwas, was Sie beachten müssen. Wenn Ihre Frau Sie holt, soll sie ein Handtuch mitbringen."

„Ein Handtuch?"

„Ja. Das klemmen Sie zwischen Ihre Brust und den Gurt. Falls es zu einer Vollbremsung kommt, ist Ihr Brustkorb so ein wenig geschützter. Machen Sie keine ausholende Bewegung. Lassen Sie die Arme immer unten. Wenn Sie ein- oder aussteigen, kreuzen Sie die Arme über der Brust. Nachher kommt noch die Sozialarbeiterin und gibt Ihnen weitere Tipps. Haben Sie noch Fragen?"

„Ja, also … ich spüre meine Hände nicht mehr."

Die Ärzte und Pflegerinnen schauen sich an. Der Wortführer nimmt meine Hand: „Hier?"

„Mehr außen. Der kleine und der Ringfinger."

„Auf dieser Seite?"

„Nein, an beiden Händen."

Wieder ratlose Blicke in der Runde.

„Das gibt sich wahrscheinlich wieder. Das kommt vom Liegen. Machen Sie sich da keine Gedanken."

Dann wird nochmals meine Narbe gemustert, und die Runde nickt beifällig.

Der Chefarzt: „Das sieht alles sehr gut aus. Wir haben unser Möglichstes getan. Nun sind Sie an der Reihe. Ihre Gefäße waren vom Cholesterin extrem angegriffen. Das müssen Sie unbedingt in den Griff bekommen. Machen Sie's gut!"

Mit dieser Verabschiedung leert sich das Zimmer und meine letzte Arztvisite ist beendet. Meine Gedanken kreisen um die Heimfahrt. Eine Stunde kann lang sein. Hoffentlich kommen wir nicht in einen Stau. Wie dusche ich zuhause? Wo schlafe ich? Wer kümmert sich, wenn was passiert? Wie lange benötigt dann der Rettungswagen?

An diesem Vormittag hilft mir ein junger Pfleger ein letztes Mal unter die Dusche. Er hilft mir auch beim Abtrocknen. Als wäre es sein eigener Rücken, rubbelt er mich sorgsam trocken.

„Ich habe größten Respekt vor deiner Arbeit!", lobe ich ihn.

„Ja? Warum? Ich tu nur meinen Job."

„Nein, tust du nicht. Es ist mehr als nur ein Job. Du setzt dich für fremde Menschen ein und bescherst ihnen ein besseres Dasein."

„So habe ich das noch nie gesehen."

„Solltest du aber! Ich danke dir für alles, was du getan hast die letzten Tage!"

„Bitte! Habe ich aber gerne gemacht." Den jungen Mann verwirren meine freundlichen Worte. Ich lass es lieber gut sein. Startbereit sitze ich wieder auf meinem Bett.

„Was möchten Sie anziehen?“, fragt er höflich.

Draußen ist immer noch Hochsommer. „Nur meine kurze Sporthose und mein Hemd.“

Er öffnet den Schrank und reicht mir meine Klamotten. In meiner kurzen Hose und im offenen karierten Hemd warte ich den Rest des Tages auf meine Entlassung. Ich bin so aufgeregt wie schon lange nicht mehr. Plötzlich bemerke ich einen Schatten an der Wand. Es ist nur die Bewegung meines Bettnachbarn vor dem Fenster, trotzdem ertappe ich mich bei dem Gedanken: „Die Runde geht an mich! Du hast verloren. Das Spiel beginnt von vorn!“

Bevor ich einen neuen Gedanken fassen kann, kommt die Sozialarbeiterin mit meiner Frau herein. Jetzt ist der Moment gekommen … der Moment, an den ich lange nicht geglaubt hatte: Ich darf nach Hause.

55

Die Sehnsucht nach dem normalen Leben –
das ist die Sehnsucht nach der Familie, den Freunden,
den Verwandten.

Freitag, 12. August, um die Mittagszeit

Ich verstaue meine paar Habseligkeiten in den Rucksack, den meine Frau mir mitgebracht hat: mein Handy, meine Kopfhörer, mein Ladekabel, eine Motorradzeitschrift, ein Buch und meinen Geldbeutel. Dann kontrolliere ich nochmals meine Schubladen, während meine Frau auf der anderen Seite des Bettes die Klamotten und die Zahnbürste zusammenpackt. „Was machen wir mit den Blumen?“, fragt sie.

„Die schenken wir draußen den Damen. Nur einen Strauß müssen wir mitnehmen.“

„Man soll keine Blumen aus dem Krankenhaus mitnehmen.“

„Ich weiß, ich nehme sie auch nicht mit nach Hause."

Mein Zimmer steht voll mit Blumen, die ich allein in den letzten beiden Tagen bekam. Ich freute mich jedes Mal, wenn die Pflegerin mit einem neuen frischen Strauß Blumen durch die Tür trat. Gierig öffnete ich dann die Grußkarten. Wer denkt an mich? Was steht drin? Aus eigener Erfahrung kann ich heute sagen: Einem Genesenden Glückwünsche zu schicken, ist mehr als eine Formalie oder gesellschaftliche Konvention. Diese Geste der Anteilnahme wirkt tatsächlich wie ein Lebenselixier. Denn eine der größten Schwierigkeiten, mit denen ein Kranker zu kämpfen hat, ist die Einsamkeit, die über ihn hereingebrochen ist.

Die Sozialpflegerin blickt mich aufmunternd an: „Machen Sie es gut und werden Sie wieder gesund."

„Danke für Ihre Unterstützung", antworte ich und reiche ihr die Hand. „Sie haben viel für mich getan … Danke!"

Dann krieche ich von der Bettkante in den Rollstuhl. Ich drehe meinen Kopf zu meinem Bettnachbarn: „Ich wünsch Ihnen was!" Der alte Mann hebt schläfrig seine Hand zum Abschied. Freunde wurden wir nicht. Nicht mal Leidensgenossen. Dafür waren wir zu verschieden.

Ich sitze im Rollstuhl. Mit dem Rucksack auf dem Schoß schiebt mich meine Frau zur Tür hinaus. Draußen stehen schon einige Pflegerinnen und mein Pfleger parat. Die eine oder andere Träne funkelt in den Gesichtern. Bei mir überwiegt die Freude auf die bevorstehende Freiheit. Ich schlucke zweimal, damit ich dann doch einen Ton herausbringe: „Danke für alles!" Vorsichtig werde ich gedrückt und es werden Hände geschüttelt. Ich kann es gar nicht oft genug sagen: „Danke, für alles!"

Nie in meinem Leben habe ich das Wort Danke mit einer solchen tiefen Überzeugung ausgesprochen wie in diesem Moment. Nie zuvor war mir die Bedeutung des Wortes so bewusst wie jetzt, als ich in die freudig strahlenden Gesichter blicke. Ich bin der neue Formel-1-Rennwagen, den die Ingenieure und Techniker fertiggestellt haben, und der nun der Öffentlichkeit vorgestellt wird. Ich bin ihr

Produkt. Sie waren es, die mich entwickelt und entworfen haben. Sie haben an mir gefeilt und den Motor getunt. Ihre Gesichter verraten ihren Stolz. Sie haben ihre Sache gut gemacht – jeder Einzelne von ihnen.

Mein Rollstuhl setzt sich in Bewegung. Meine Frau schiebt mich durch die langen Gänge und Flure, bis wir schließlich das Eingangsportal von Großhadern erreichen und nach draußen gehen. „Ich lass dich kurz hier stehen. Ich hole das Auto hierher, sonst ist es zu weit."

Ich sitze in meinem Rollstuhl im Freien an der Bordsteinkante des Krankenhauses. Über mir spannt sich ein blauer Himmel. Die Sonne strahlt und scheint sich ebenfalls mit mir zu freuen. Es geht eine leichte Brise. In den Bäumen um mich kann ich das Rauschen der Blätter hören. Mein Hemd ist aufgeknöpft und gibt die lange Narbe frei. Die anderen wartenden oder rauchenden Menschen um mich mustern meine Brust. Es ist mir egal.

Ich atme tief ein … Farben, Luft, Geräusche, Sonnenstrahlen … alles sauge ich in mir auf. Endlich draußen. Es ist vorbei. Ich bin frei!

56

Eiskaltes Entsetzen packt mich, meine Hände greifen ins Leere. Es dauert nur den Bruchteil einer Sekunde, bis ich verstehe, was los ist. Gerade rechtzeitig, um meine Verabredung mit dem Ort meines Beinahe-Todes nicht zu verpassen.

Freitag, 12. August, früher Nachmittag

Autos rollen am Randstein vorbei oder fahren vor, spucken Menschen aus oder sammeln welche ein. Hinter mir streitet sich ein Pärchen. Auf einer Bank neben der Straße sitzt ein Mann im Bademantel und zieht genüsslich an seiner Zigarette. Aus der Nase hängen

Schläuche, und unter seinem Bademantel kommen ebenfalls welche hervor.

Stimmengewirr, Motorengeräusche, schreiende Kinder … verwirrt blicke ich um mich. Es ist alles so laut, so grell. Ich greife in die Räder meines Rollstuhls und versuche, ein Stück nach hinten zu fahren – weg von den Autos und den Menschen. Aber mir fehlt die Kraft. Ich schließe die Augen und versuche, mich in meinem Innersten abzukapseln. Es kommt mir so vor, als wartete ich schon seit Stunden.

„Alles okay?"

Ich öffne meine Augen. Meine Frau steht vor mir, unser Auto ebenfalls.

„Ja, alles klar. Lass uns fahren."

Sie verstaut mein Gepäck im Kofferraum und den Blumenstrauß auf dem Rücksitz, öffnet die Beifahrertür und hilft mir aus dem Rollstuhl. Langsam schleiche ich zum Auto und drehe mich um. Mit meinem Hinterteil ziele ich auf den Sitz und gehe langsam in die Hocke. Meine Schenkel beginnen zu zittern. Auf halber Strecke machen meine Muskeln schlapp und ich falle in den Sitz. Jäh fährt ein stechender Schmerz in meinen aufgesägten Brustkorb. Ich beiße die Zähne zusammen und presse meine verschränkten Arme stärker auf meine Brust.

Ich sitze, atme tief durch. Dann hebe ich mit meinen Händen ein Bein nach dem anderen in den Fußraum des Autos.

„Sitzt du so bequem?", fragt meine Frau und stellt die Lehne meines Sitzes noch etwas zurück. Sie schnallt mich an und gibt mir ein Handtuch, das ich vierfach gefaltet zwischen den Gurt und meine Brust klemme. Dann schließt sie meine Autotür. Ich beobachte, wie sie den Rollstuhl zurück ins Gebäude schiebt. Er war meine letzte Verbindung zu diesem Haus, diesem Kokon, diesem Nest. Nun bin ich abgenabelt – wie eine Apollo-Rakete kurz vor dem Start, deren Versorgungsschläuche abgetrennt wurden, bin ich autark und auf mich gestellt. Ein gutes Gefühl!

Plötzlich bewegt sich der riesige Gebäudekomplex. Ich kralle mich am Türgriff fest. Nur langsam wird mir bewusst, dass es nicht die

Klinik ist, die sich bewegt, sondern unser Auto. Mit Schrittgeschwindigkeit kreisen wir Richtung Ausfahrt. Im rechten Außenspiegel sehe ich das Krankenhaus, wie es immer kleiner wird.

Meine Frau: „Dann wollen wir mal. Wenn es dir schlecht wird, sagst du mir einfach Bescheid."

„Ja", flüstere ich und verrate nicht, dass mir bereits schlecht ist.

Wir fahren durch Häuserschluchten. Es wird gehupt und geschimpft. Alles bewegt sich viel hektischer, als ich es in Erinnerung habe. Menschen rennen auf Bürgersteigen, andere stehen ungeduldig an Bushaltestellen. Ich blicke hinaus, versuche Einzelheiten zu erkennen. Aber es geht alles zu schnell. Mir wird schwindlig. Ich schließe meine Augen, um zur Ruhe zu kommen.

Es ist verrückt: Es hat nur zwei Wochen in einer Umgebung gebraucht, in der fast alles wohlgeordnet abläuft und in der die Farben sanft und zurückhaltend sind, um mich der normalen Welt völlig zu entfremden. Zwei Wochen – und alles um mich herum wirkt nun knallbunt, rasend schnell und stinkend. Meine Sinne werden mit den über sie hereinbrechenden Eindrücken einfach nicht mehr fertig.

Irgendwann öffne ich meine Augen wieder, genau in dem Moment, als wir das Stadtschild „München" passieren. Wir sind nun auf der A96 Richtung Lindau … die Autobahn, die ich zuletzt vor zwei Wochen befahren habe. Wie Pfeile, scheint es, schießen die anderen Autos an uns vorbei. Ich sinke tiefer in den Sitz und mir wird noch flauer im Magen. Ich drücke den Fensterknopf rechts von mir. Das Fenster senkt sich und der Innenraum füllt sich sofort mit warmer Sommerluft, die nach Stadt stinkt. Wieder schließe ich die Augen.

Das Motorengeräusch und die Fahrbewegung des Autos lullen mich ein, ich versinke in meinen Gedanken und nicke ein. Plötzlich reißt mich etwas aus meinem Dämmerzustand. Wie ein Blitz packt mich Panik! Um Himmels willen! Ich muss am Steuer eingeschlafen sein! Jeden Moment knalle ich gegen ein anderes Auto oder in die Leitplanken! Mit einem Schrei reiße ich meine Augen auf und versuche reflexartig, meine Hände wieder ans Steuer zu bekommen. Aber ich sitze ja gar nicht am Steuer, sondern zusammengekauert auf dem Beifahrersitz.

Mein Herz hämmert wie verrückt, nur langsam klärt sich mein Blick. Das erste, was ich draußen sehe, ist ein Schild neben der Autobahn: „Schöffelding 900 m".

„Fahr hier raus, bitte!", fordere ich meine Frau auf.

„Weshalb, ist dir schlecht?"

„Nein … hier war es. Hier ist es passiert! Hier bin ich gestorben."

57

Ich weiß nicht, ob Glaube Berge versetzen kann.
Aber er kann Leben retten. Sicher.

„Sollen wir nicht lieber direkt nach Hause?", gibt meine Frau zu bedenken.

„Nein, ich muss das sehen."

Sie setzt den Blinker und lenkt den Wagen auf die Abbiegespur. Kurz vor der Kurve passieren wir das Ausfahrtschild. Die weißen Buchstaben auf dem blauen Pfeil haben sich vor zwei Wochen in meine Netzhaut gebrannt. Ausfahrt … Damals wusste ich nicht, ob ich das überlebe. Diese Ausfahrt hätte auch ein Platz zum Sterben werden können.

Am Ende der Kurve biegt meine Frau rechts ab – intuitiv. So wie auch ich damals nach rechts abgebogen bin.

„Und wo jetzt?", fragt sie mich, gespannt auf das, was kommt.

„Gleich wieder links. Da sind die Bushaltestelle und das Kreuz."

Nach nur einhundert Metern setzt sie den Blinker … da steht das Häuschen der Bushaltestelle. Während wir darauf zufahren, klafft plötzlich mein Gehirn auseinander, wie von einer Axt gespalten. Bilder fallen heraus und überfluten meinen ganzen Körper. Bilder von Momenten, die ich nie mehr erleben möchte.

Der Moment, als ich vor meinem Auto zusammenbrach und mich nur mitleidige Blicke der Vorbeifahrenden trafen. Der Moment, als ich mit herzzerreißenden Schmerzen wieder in mein Auto zurückkroch, um auf dem Fahrersitz ums Überleben zu kämpfen. Instinktiv greife ich mir an die Brust. In Gedanken sehe ich wieder den leidenden Blick des hölzernen Jesus an dem großen Wegkreuz. Er war es, der mir damals für die entscheidenden Minuten den Schmerz genommen hat.

Ich glaube an Jesus. Wenn es eine Olympiade im Christentum gäbe, dann könnte ich für Deutschland antreten. Lange Zeit war ich auch ein guter Kirchgänger, das gehörte einfach mit dazu. Doch ich habe so meine Schwierigkeiten mit der Kirche. Jesus macht mich frei. Die Kirche dagegen legt mir Fesseln auf. So nehme ich es jedenfalls wahr. Irgendwann bin ich sogar aus der Kirche ausgetreten. Natürlich nicht wegen des Geldes – was ich früher an Kirchensteuer bezahlt habe, spende ich heute direkt. Ich war zu oft enttäuscht worden, menschlich und vom System. Dass Menschen nun mal nicht vollkommen sind, verstehe ich. Aber das System Kirche brauche ich einfach nicht.

Wir halten direkt an der Bushaltestelle. Ich stoße die Autotür mit meinem rechten Fuß auf. Da steht auch schon meine Frau, um mir aus dem Auto zu helfen.

„Wo sind die Blumen?“, frage ich noch – und erstarre.

„Hier …“ Mit einem Griff auf den Rücksitz holt sie den Strauß hervor. Weil sie sich ins Auto gebeugt hat, sieht sie zuerst nicht, dass ich wie vom Donner gerührt dastehe. Ungläubig starre ich auf die Umgebung der Haltestelle.

„Wo ist es?“, rufe ich laut.

„Was denn?“

„Das Kreuz! Genau an dieser Stelle stand es!“ Ich deute auf einen leeren Platz neben einem alten Baum. „Aus Holz, ganz groß.“

Alles dreht sich. Bilder kreisen durch mein Hirn. Es war doch hier! Ich hatte es mit meinen eigenen Augen gesehen! Ein großes Kreuz mit einem Jesus aus Holz.

„Hier ist nichts“, reißt mich meine Frau aus meinen Gedanken. „Hier war auch nie was. Hier gibt es nur unberührtes Gras und Gebüsch und diese Bushaltestelle.“

Der Blumenstrauß fällt auf den Boden. Mir ist übel. Mühsam schleppe ich mich mit Hilfe meiner Frau zum Auto und gleite unter Schmerzen auf meinen Sitz. Ich bin mir ganz sicher, dass hier ein Kreuz war. Ich habe es vor zwei Wochen ganz genau gesehen. Es war kein Traum. Es war mein Glaube.

58

Charakter und Wesen der Französischen Bulldogge: (...) Wenn sie Herrchen und Frauchen aber einmal verfallen sind, sind sie die treuesten und liebevollsten Gefährten, die man sich vorstellen kann, und man möchte sie nicht mehr missen.

Aus dem Online-Portal „franzoesische-bulldogge.net“

Freitag, 12. August, immer noch nachmittags

Wir biegen mit dem Wagen wieder auf die Autobahn, auf die A96, Richtung Lindau. Benommen hänge ich in meinem Beifahrersitz und blicke mit halb geschlossenen Augen auf die Straße vor mir. Ein plötzlicher Druck auf meinen Ohren würgt alle Geräusche um mich herum ab. Wie taub sitze ich da und sehe nur die vielen Autos um uns herum, wie sie sich, scheinbar geräuschlos, ihren Weg bahnen. Langsam, fast wie in Zeitlupe, drehe ich meinen Kopf nach links und schaue irgendwie durch meine Frau hindurch. Auf der Fahrerseite überholt uns ein großer dunkelblauer Volvo älteren Baujahrs mit einem Wohnwagen. Der Fahrer fuchtelt aufgeregt und streckt mir seinen Mittelfinger entgegen. Die Kinder auf der Rücksitzbank zeigen mir den Vogel. Es ist der Volvo, der mich vor zwei Wochen überholte, als ich mit dem Herzinfarkt alleine Richtung Park+Ride fuhr.

Was spielt mir mein Gehirn für einen Streich? Vergangenheit und Gegenwart fließen ineinander, es ist wieder einmal so ein Moment, in dem ich nicht zwischen Realität und Tagtraum unterscheiden kann.

Dann sehe ich auf der Gegenfahrbahn einen schwarzen Audi. *Meinen* schwarzen Audi. Wie in Zeitlupe kommt er auf mich zu. Ein Mann sitzt darin, weißes Hemd und brauner Anzug. Er sieht aus wie ich. Ich kneife die Augen zusammen, als ich sie wieder öffne, ist er wundersamer Weise immer noch da. Ich weiß, es kann nicht sein, aber ich *sehe* ihn.

Der Typ in dem schwarzen Auto ist auf dem Weg nach München… wichtig, geschäftig und ignorant. Ich rufe ihm zu: „Dreh um! Fahr nicht weiter!“ Aber er hört es nicht. Niemand hört auf der Hinfahrt zum Herzinfarkt. Ratschläge, Tipps, gute Vorsätze… alles umsonst. Auf dem Rückweg ist es anders – wenn es denn einen gibt.

Wieder schrecke ich hoch und blicke verstört um mich. Ich muss wohl noch einmal eingenickt sein, denn wir stehen bereits vor unserem Haus. Da wird auch schon meine Beifahrertür geöffnet und meine Frau schnallt mich los. Ein Bein nach dem anderen wird herausgeholt und auf der Straße abgestellt. Ich kreuze schützend meine Arme vor der Brust. Mit der Unterstützung unter meinen Ellbogen arbeite ich mich vorsichtig in die Senkrechte.

Langsam schleppe ich mich, von meiner Frau gestützt, zur Haustüre. Mein Sohn hat sie schon geöffnet und steht im Türrahmen. Ich lache vor Freude und nehme ihn vorsichtig in den Arm. Ich bin glücklich und er ist es wohl ebenfalls. Die sechs Meter Fußweg zum Haus waren für mich wie eine Wanderung, ich muss mich dringend setzen. Mit schlurfendem Gang arbeite ich mich durch den Flur ins Wohnzimmer, wo ich einen neuen Sessel erblicke.

„Was ist das?“, frage ich mit schwacher Stimme.

„Den haben uns die Nachbarn geliehen. Das ist einer dieser bequemen Sessel, in denen man schlafen kann. Der tut dir bestimmt gut für die nächste Zeit.“

Dankbar lasse ich mich mit Hilfe meiner Familie auf ihm nieder. Endlich geschafft – ich kann ausruhen.

Da spüre ich plötzlich etwas auf meinem Schoß. Mein Hund ist von der Terrasse angerannt und mir voller Lebensfreude auf den Schoß gehüpft. Sehr vorsichtig, nicht so plump wie sonst, balanciert Spike auf meinen Schenkeln und schnüffelt neugierig an meinem Brustkorb. Ich streichle sein weiches Fell und genieße seinen Geruch. Mein Hund ist mir ein treuer Freund. Er nimmt mich so, wie ich bin. Wie sagt man so schön in Irland? Ein Herz auf vier Pfoten.

Als wüsste er, was mit mir los ist, lässt er sich behutsam auf meinem Schoß nieder, rollt sich zusammen, atmet einmal tief durch und wird auf einmal ganz schwer. Sein Herrchen ist wieder da, die Welt ist für ihn jetzt wieder in Ordnung. Das ist sie in diesem Moment auch für mich. Zufrieden schlafen wir beide ein.

59

Man kann vieles botoxen: Runzeln an den Augen,
Falten am Mund, Stirnfurchen – und auch
Geschichten.

Freitag, 12. August, abends

Ich höre das Blubbern nicht mehr. Jemand hat meine Sauerstoffmaschine abgestellt. Ich bekomme keine Luft mehr. Oh Gott, ich werde sterben! Schmerzen. Überall Blut. Ich versuche zu schreien, als ich plötzlich diesen unglaublichen Blutgeschmack im Mund spüre. Ich würge. Noch mehr Blut. Panisch versuche ich mich umzudrehen. „Wir schneiden Sie jetzt auf!“, höre ich eine tiefe Stimme, durch den Mundschutz gedämpft. Darüber ein gieriger Blick hinter einer dickglasigen Brille.

Es ist ein Traum, ich weiß. Aber er ist echt. Ich verblute im Traum, und wenn ich aufwache, bin ich tot …

Entsetzt reiße ich meine Augen auf. Ich liege in meinem Wohnzimmer auf dem Sessel, Spike auf meinem Schoß. Langsam komme ich zu mir. Die Phantomschmerzen lassen nach. Nur geträumt … nur geträumt … Heilfroh atme ich tief durch.

Besuch ist da – meine Nachbarn. Ich habe ihr Kommen gar nicht bemerkt. Es sind die Nachbarn, die mir den bequemen Sessel ausgeliehen haben. Sie beglückwünschen mich und freuen sich für mich, dass ich endlich zuhause bin.

„Hier wirst du schneller wieder gesund als im Krankenhaus", sagen sie.

Ich bin da anderer Meinung. Es ist nicht gut, dass ich hier bin, denke ich. Es ist noch zu früh. Aber ich lächle, während ich immer noch diesen blutigen Geschmack im Mund spüre. „Ja, ich freue mich auch, endlich aus dem Krankenhaus raus zu sein", antworte ich mit kaum hörbarer Stimme. Das erwartet man doch in einer solchen Situation von einem, nicht wahr?

Natürlich möchte mein Besuch alles genau wissen. Ich krächze meine Geschichte in den Raum, erzähle ein bisschen aus dem Klinikalltag. Ich ertappe mich dabei, dass ich wie von einem wunderschönen Urlaub berichte. In meiner Erzählung fehlen nur der Strand mit Palmen und ein kühler Sommercocktail.

Ich mache es mir leicht, indem ich eine gebotoxte Version meines Herzinfarktes erzähle – geglättet und ohne tiefe Falten, in denen man sich verlieren könnte. Ich ahne: Von nun an werde ich diese Geschichte immer wieder erzählen. Nicht, weil meine Zuhörer es nicht anders wollen oder verdienen. Der Grund ist ein anderer: Das Grauen lässt sich nicht beschreiben, jedenfalls nicht an einem wunderschönen Sommertag. Die Stimmen entfernen sich langsam wieder von mir, während meine Augen zufallen. Mein Hund seufzt und kuschelt sich an mich.

„Wollen wir mal raus?", schlägt meine Frau vor.

Ich öffne die Augen und lächle: „Ja, gute Idee."

Spike hebt seinen Kopf und blickt mich kurz an, dann hüpft er von mir runter und rennt zur Terrassentüre. Ich verschränke meine Arme vor der Brust und versuche selbstständig aufzustehen. Es gelingt mir nur halb, mein Nachbar greift mir unter den Arm und führt mich hinaus.

Auf der Terrasse setze ich mich auf einen Stuhl. Mit der linken Hand ziehe ich mein T-Shirt am Kragen leicht von meinem Körper weg. Es ist irgendwie ein unangenehmes Gefühl, den Stoff auf der Narbe zu spüren, auch wenn das Gespür noch gar nicht in diese Hautpartie zurückgekehrt ist. Mit dem rechten Arm bilde ich einen Schutz vor meiner Brust.

„Zeig mal deine Narbe“, bittet mich unser Nachbar. Mit Mühe ziehe ich mein Shirt in die Höhe. Darunter kommt meine Narbe zum Vorschein. Ein rotbläulicher, fast senkrechter Streifen. Man sieht keine Fäden, keine Löcher. Lediglich im oberen Drittel biegt die Narbe in Richtung Schulter.

„Die ist ja schief“, sagt der Nachbar.

„Ja, da ist der Chirurg mit dem Skalpell abgerutscht“, scherze ich.

„Aber die sieht ganz gut aus“, wird fachmännisch beurteilt.

Meine Nachbarn haben recht – der Brustschnitt wurde wirklich hervorragend verschlossen. Die äußere Hautschicht wurde wohl geklebt. Die richtigen Löcher, dort, wo die Drainagen durch die Rippen in meinen Körper geführt wurden, sind noch mit dicken Pflastern bedeckt. Auf einem hat sich schon wieder ein Blutfleck gebildet, bemerke ich. Aber das sehen die anderen nicht. Der große Riss mitten auf meiner Brust macht auch viel mehr her als die kleinen Löcher an meiner Seite.

Aber die eigentliche Wunde ist eine ganz andere. Sie wird noch viel länger schmerzen als die, die jetzt schon mitten im Heilungsprozess sind. Vielleicht bis an mein Lebensende wird sie sich immer wieder mal melden und mich daran erinnern, wie nah ich dem Tod gewesen bin. Diese Wunde ist tief in mir drin. Unsichtbar. Unheilbar.

60

Endlich verstehe ich die Relativitätstheorie Albert Einsteins: Ich war in einem Raumschiff unterwegs, in dem die Zeit langsamer als auf der Erde voranschritt.

Ich schließe die Augen und genieße die Sonne. Die Wärme tut meiner blassen, ausgemergelten Haut gut. Ich habe das Gefühl, eine riesige Solarbatterie zu sein, die sich gerade auflädt. Mit geschlossenen Augen spreche ich zu meinen Besuchern: „Danke für den Sessel! Ist echt lieb von euch!"

„Gerne! Wir kommen auch nächste Woche zum Holzstapeln."

Ich runzle die Stirn. Meine Frau ergänzt: „Ich habe Holz für den Winter bestellt. Die Lieferung kommt nächste Woche."

Holzstapeln war immer meine Aufgabe. Jetzt kann ich das nicht mehr, andere erledigen das nun für mich. Was kann ich noch alles nicht? Ich fühle mich plötzlich als Fremder in meinem eigenen Haus. Ich komme mir nutzlos vor.

Mein Sohn und meine Frau lachen über irgendetwas, die Witze verstehe ich nicht. Sie beziehen sich auf einen Komiker aus einem Youtube-Video, das ich nicht kenne. „Wir hatten schon manchmal unseren Spaß hier", erklärt meine Frau.

Ich merke, dass ich viel verpasst habe, das Leben ist ohne mich weitergegangen. Ich hatte auch Spaß im Krankenhaus; mit Karl, vor der OP. Warum nicht auch meine Frau und mein Sohn? Ich schäme mich meiner Gefühle. Und trotzdem … auf einmal komme ich mir so verloren vor.

Eine tiefe Furcht vor etwas Unbekanntem beschleicht mich. Es ist die Angst, dass nichts mehr so ist wie vorher. Angst, dass ich nicht mehr ich bin. Angst, dass ich nirgendwo mehr hingehöre. Die Angst, doch noch zu sterben. Und Angst zu leben.

Übermorgen muss ich in die Rehaklinik. Vielleicht finde ich dort wieder einen Kokon, in den ich mich zurückziehen kann.

61

Der Einsiedlerkrebs lebt in einem leeren Schneckenhaus oder in ähnlichen hohlen Gegenständen. So schützt er seinen ungepanzerten Hinterleib. Wenn es ihm nicht mehr passt, muss er in ein neues Gehäuse wechseln. Das alte Schneckenhaus bleibt leer zurück.

Ich öffne die Augen. Es wird langsam Abend, aber draußen ist es immer noch hell. Warme Sommerluft weht ins Wohnzimmer und weht meine schlechten Gedanken einfach zur Türe hinaus in den Garten. „Ich lebe“, stelle ich fest, „das alleine zählt.“

Aber meine Gedanken wandern immer weiter, auch dorthin, wo ich gar nicht hinwill.

Die Sonne ist nicht mehr ganz so heiß und ich genieße den Blick in den blauen Himmel, den die Sonne gerade langsam in ein zartes Orange einfärbt. Die macht sich nämlich gerade bereit, die andere Seite der Erde zu wärmen. In dem Apfelbaum vor der Terrasse hängen Äpfel, deren Wangen sich bereits rötlich gefärbt haben. Ein paar Vögel turnen im Geäst umher und zwitschern um die Wette. Ich kann nicht genau erkennen, was es für Vögel sind, denn meine Augen tränen plötzlich.

Ich habe viel geweint in den letzten Wochen. Dabei habe ich wirklich nicht nah am Wasser gebaut. Teils ist das wohl eine emotionale Reaktion auf alles, was ich mitmachen musste. Teils liegt es auch an den Augen selbst, dass sie seit dem Herzinfarkt immer wieder ohne emotionalen Grund tränen, besonders das linke.

Ich wische mir langsam mit meinem weißen T-Shirt übers Gesicht. Dann greife ich vorsichtig an meine Schulter und ziehe es mit einer ganz langsamen Bewegung über den Kopf. Nur mit meinen Shorts bekleidet, sitze ich in der Abendsonne und fühle die leichte

Luft auf meiner Haut. Es tut gut, so nackt zu sein. Nacktsein hat für mich seit meinem Krankenhausaufenthalt eine ganz neue Bedeutung bekommen. Dort lag ich tagelang nackt herum. Meine Scham ist mir dort genommen worden. Mit der Ganzkörperrasur vor der OP wurde der letzte Rest Scham weggeschabt. Es hat mich nicht mehr gestört, wie ein Stück Fleisch in der Auslage des Metzgers herumzuliegen. Schinken heute im Angebot!

Die Abendluft frischt auf und ich bekomme eine Gänsehaut auf meinen Armen. Ich streiche über meine gelbliche Haut. Ganz leicht kann ich schon Haarstoppeln spüren, die langsam nachwachsen. Vielleicht, so denke ich mir, wachsen nicht nur die Haare. Vielleicht wächst auch Gras über die Sache?

Im gleichen Moment wird mir klar: Das will ich gar nicht. Nein, ich will nicht vergessen. Mit dem Zeigefinger meiner rechten Hand fahre ich behutsam über die Narbe. Gut, dass sie mich immer an das erinnern wird, was war.

So eine Gedächtnisstütze brauchst du allerdings nur, wenn du wieder in dein altes Leben zurückgleitest. Nahtlos, sozusagen. Dann müsste dich die Narbe daran erinnern, wie nah du dem Tode warst und wie kostbar das Leben ist. Doch die meisten Herzpatienten machen nicht dort weiter, wo sie vor dem Infarkt aufgehört haben. Zu tief sitzt der Schock, als dass sie jemals verdrängen könnten, dass sie mit geöffnetem Brustkorb auf dem OP-Tisch lagen.

Ein Mensch, der so geöffnet daliegt, hat alles verloren, was ihn als Menschen ausmacht. Auch wenn alle nur von einer Routine-OP sprechen – die Tatsache, dass dein Herz stillgestanden hat, dass du tot warst, macht etwas mit dir. Sie verändert dich. Und weil sie dich verändert, verändert sie auch dein Leben. Ich spüre, wie mir mein altes Leben entgleitet. Auch für mich gibt es kein Zurück mehr ins alte Fahrwasser. Ich weiß es nur noch nicht.

Inzwischen ist der Abend hereingebrochen. Ich betreibe mit meiner Familie Smalltalk, das tut mir gut – es fühlt sich wie Alltag an. Dabei bin ich immer noch schwach und kann kaum sprechen. Während mein Sohn etwas erzählt, nehmen wieder die gleichen

Gedanken Besitz von mir. Wie zäher Honig kleiden sie meinen Schädel aus und tragen mich gedanklich immer weiter fort. Ich bin immer noch in der Mittelwelt – nicht ganz weg, aber auch nicht ganz da. Ich fühle mich unendlich fremd.

„Ich glaube, ich setze mich wieder rüber“, flüstere ich mit schwacher Stimme und stehe langsam vom Tisch auf, um mich zu meinem Sessel zu schleppen. Dort lasse ich mich schwer atmend und erschöpft nieder. Ich will nicht mehr denken müssen.

„Können wir den Fernseher anmachen?“, frage ich.

62

Ich bin froh, zuhause zu sein. Aber ich spüre, dass es zu früh ist. Ich spüre, dass mein Körper, mein Geist, das alles noch nicht verkraftet. Es ist zu früh, um auf eigenen Füßen zu stehen. Ich schaffe das nicht.

Wenig später

Ich starre in die Glotze. Oder besser gesagt, ich glotze starr. Es ist das Gleiche wie im Krankenhaus … der Kasten ist mir fremd geworden. Was sich da drin abspielt, sei es ein Film, eine Talkshow oder Ähnliches – ich kann dem allem nicht folgen. Es ergibt für mich keinen Zusammenhang. Ja, es kommt mir in diesem Moment sogar absurd vor, dass Menschen auf einen viereckigen Kasten starren.

Unter Schmerzen raffe ich mich wieder auf und schlurfe auf die Terrasse. Draußen malt die Sonne gerade den Himmel blutrot an. Vögel zwitschern und Mücken surren durch die Luft. Es ist ein unglaubliches Naturschauspiel, was da jeden Abend abläuft, aber kaum jemand nimmt davon Notiz – ich selbst früher ja auch nicht.

Vorsichtig lasse ich mich im Stuhl nieder, während meine Frau mit einer Liste und einer kleinen Tube Narbencreme in der Hand erscheint: „Wir müssen noch checken, was du alles für die Reha am Montag benötigst. In der Klinik haben sie mir Unterlagen mitgegeben. Lass mal sehen …

Das meiste haben wir, das packe ich dir alles ein. Aber hier steht noch: ein Blutdruckmessgerät."

„In der Reha haben sie doch bestimmt eines, oder?"

„Naja, du wirst es ab jetzt immer benötigen. Wir besorgen eines."

Wow, denke ich mir, mein erstes eigenes Blutdruckmessgerät … Jetzt benötige ich schon Hilfsmittel, um meinen Körper zu kontrollieren. Und dazu muss ich noch jeden Tag Pillen schlucken. Ich fühle mich alt.

Apropos Tabletten … ich muss meine Medikamente nehmen. Auf dem Wohnzimmertisch ist ein ganzes Arsenal aufgebaut. Elf an der Zahl, auf den Tag verteilt. Betablocker, Cholesterinsenker, Aspirin, Fischöl, Kalium, ACE-Hemmer usw. Ich schüttle ungläubig den Kopf: „Muss ich das alles den Rest meines Lebens nehmen?"

„Ich denke nicht. Musst halt fit werden."

„Ich glaub, ich muss jetzt erstmal ins Bett. Ich bin so fertig."

„Glaub ich dir. Wir haben alles so vorbereitet, wie man uns im Krankenhaus geraten hat. Lass dich überraschen!" Mit einem schelmischen Grinsen hilft sie mir aus dem Sessel und stützt mich, während ich die Treppe in den ersten Stock erklimme. Ich hatte gar nicht in Erinnerung, dass die so hoch ist. Nach vier Stufen legen wir eine Pause ein. Ich bin außer Atem und meine Beine zittern. Dann geht es nochmals vier Stufen weiter. Oben angekommen, lasse ich mich erstmal im Bad auf einem Hocker nieder. Ich schwitze und mein Körper zittert. Ich bitte meine Frau, mich kurz alleine zu lassen. Dann sitze ich im Bad und blicke mich im Spiegel an. Schmal, gelb und leblos starre ich mich selbst an. Hier sitze ich nun mit meinen fast 47 Jahren. Kaputt und ausgelaugt. „Nicht mehr lange!", drohe ich mir selbst. Ich werde wieder gesund … koste es, was es wolle.

Vorsichtig stehe ich auf und stütze mich mit beiden Händen auf dem Waschbecken auf. Meine Knie schlottern und meine Oberschenkelmuskeln brennen wie verrückt. Wie in Zeitlupe greife ich zur Zahnbürste. In diesem Moment wird mir schwindlig und ich kann mich gerade noch auf den Hocker retten.

„Hilfe!", rufe ich nach unten. Hilfe … wie jämmerlich! Mein Sohn stürzt ins Bad: „Was ist los?"

Mit verschwommenem Blick schaue ich ihn an: „Kannst du mir beim Zähneputzen helfen? Ich schaff es nicht allein."

„Echt nicht?"

„Bitte …", ich klinge fast schon flehend. So, als wäre es ganz natürlich, putzt er mir tatsächlich die Zähne und witzelt dabei. Ich hänge dabei schlaff über dem Hocker, zusammengekauert wie ein Häufchen Elend. Verrückt – es ist gar nicht so lange her, dass ich ihm die Zähne geputzt habe, und nun haben sich die Kräfteverhältnisse umgekehrt. Ich hatte gedacht, dass das erst passiert, wenn ich 90 bin, aber doch nicht jetzt schon!

Nachdem wir fertig sind, hilft er mir ins Schlafzimmer. Meine Frau kommt ebenfalls und präsentiert stolz ihre Kreation: „Wir haben drei Matratzen übereinander gestapelt. Jetzt liegst du so hoch wie im Krankenhaus. Und das Kopfteil haben wir auch etwas aufgerichtet.

„Cool", denke ich mir und bin erleichtert. Ich hatte mit schon Sorgen gemacht wegen meinem niedrigen Bett, aus dem ich sicher nicht alleine wieder herausgekommen wäre. Ich freue mich über die Konstruktion, toll!

„Aber wo schläfst du?", wundere ich mich mit dem Blick auf den leeren Lattenrost neben meinem Bett.

„Ich schlaf im Gästezimmer. Wir lassen alle Türen auf, und wenn was ist, rufst du einfach."

Einfach rufen … wenn das so einfach wäre. Ich werde also alleine sein heute Nacht. Keine Geräte. Keine Ärzte, keine Pflegerinnen … alleine. Ich habe Angst.

63

Zum ersten Mal seit zwei Wochen liege ich alleine in einem Zimmer. So lange habe ich mich nach Privatsphäre gesehnt – aber jetzt bedeutet sie mir nichts mehr.

Freitag, 12. August, spät am Abend

Draußen ist es längst dunkel geworden. Da liege ich also … alleine in meinem Schlafzimmer. Ich liege auf dem Rücken, so wie die letzten Tage auch. Noch drei Monate lang darf ich nicht seitlich liegen. Die Gefahr, dass mein Brustkorb aufbricht, wäre zu groß, haben sie mir gesagt. Die haben echt Humor in der Klinik bewiesen. Es wäre gar nicht möglich für mich, seitlich zu liegen. Ich würde vor Schmerzen an die Decke gehen. Nein, mein Körper passt schon selbst auf sich auf.

Allerdings ist es ein schwieriges Unterfangen für einen Seitenschläfer, permanent auf dem Rücken zu liegen. Drei Monate muss ich noch durchhalten. Das ist eine Ewigkeit, wenn man mehrmals in der Nacht jäh aufwacht, weil man sich aus Gewohnheit wieder auf die Seite drehen wollte.

Es herrscht Totenstille. Kein Gerät, das piepst, kein schnarchender, seufzender, Sprüche klopfender Bettnachbar. Keine Pflegerinnen oder Pfleger, die rein- und rausgehen, keine Arztvisite. Ich kann gar nicht glauben, dass hinter mir gar nichts sein soll. Ich nehme mein Handy, schalte die Kamera an und blicke über das Display auf die Wand hinter mir. Keine Sauerstoffgeräte, keine Schläuche, keine Monitore. Nur die kahle, hellblau gestrichene Wand meines Schlafzimmers.

Ein komisches Gefühl beschleicht mich. Was ich mir so viele Tage und Nächte herbeigesehnt habe – endlich alleine zu sein –, will ich nun nicht mehr. Ich will zurück in mein Zimmer im Krankenhaus.

Meine Bettdecke hat ein Blumenmuster. Sie ist gelb mit zartesten Blüten, und in hellem Grün zeichnen sich darauf kleine Blätter ab.

„Ich liege in einem Blumenfeld“, freue ich mich plötzlich. Sie fühlt sich anders an als die weißen Zudecken in der Klinik. Allerdings ist mir wieder einmal viel zu warm und so schiebe ich sie ans Fußende.

Vorsichtig ertaste ich meine Narbe. Ich fühle die leichten Aufwerfungen meiner Haut. An der Narbe selbst kann ich nichts spüren – taubes Fleisch. Langsam fahre ich mit meinen Händen nach außen in Richtung Rippen. Erst ganz außen, gleich neben meinen Achseln, kann ich die Berührungen meiner Finger spüren. Auch meine äußeren Handhälften nehme ich nicht wahr, kleiner Finger und Ringfinger sind taub. Ich schüttle die Hände, wobei ich die Hoffnung längst aufgegeben habe, das volle Gefühl wiederzubekommen. Zu dem pelzigen Gefühl in meinen Händen gesellt sich seit den letzten Tagen ein Schmerz in meiner rechten Schulter, der immer stärker wird.

Ich starre weiter in die Dunkelheit. Die leuchtenden roten Ziffern der Uhr zeigen 23:40. Ich blicke noch mehrmals in dieser Nacht darauf. 0:00 Uhr, 0:10, 0:35 Uhr. Dann schlafe ich ein.

3:10 Uhr – Etwas reißt mich aus dem Schlaf. Mein Herz schlägt, nein, hämmert gegen meinen Brustkorb, als ob es wieder raus will. Panik überkommt mich und ich bin kurz davor, um Hilfe zu rufen. Dann aber stelle ich plötzlich fest, dass es ganz ruhig seinen Takt schlägt … Bumm, Bumm, Bumm. Sehr stark, aber gleichmäßig. Es hat gar nicht zu schnell geschlagen – ich habe nur im Schlaf unbewusst wahrgenommen, *dass* es geschlagen hat.

Ich knipse meine Nachttischlampe an. Im Schein der Glühbirne erkenne ich meinen Brustkorb, wie er im Takt des Herzschlages immer wieder nach oben gedrückt wird. Der ursprüngliche Schreck und die Angst weichen einem Gefühl von Faszination. Mein Herz … wie es schlägt! Wie es sich anfühlt! Ich spüre, wie es in mir klopft und wie es mein Blut gleichmäßig in die Venen drückt. Es schlägt mit einer solchen Stärke, dass ich es beinahe hören kann. Es ist so viel Kraft da drinnen … „Was für ein Wunder!“, denke ich mir.

In diesem Moment ist meine Angst komplett gewichen und ein Gefühl von Leben und Glück überkommt mich. Letztendlich ist es genau das: Mein Herz bedeutet Leben und Glück. Ich lausche weiter meinen Herzschlägen und beobachte meinen Brustkorb. Ich genieße dieses Naturschauspiel, bis ich vor der Terrasse die Vögel höre. Laut zwitschernd kündigen sie einen weiteren sonnigen Sommertag an.

64

Wenn ich in der Sonne sitze, kneife ich die Augen
so weit zusammen, dass die Umwelt komplett
in Licht eingehüllt ist und nur noch als Farbe
zwischen meinen Wimpern wahrnehmbar ist.
Das letzte Mal habe ich das als Kind gemacht.

Samstag, 13. August

Die Nacht ist überstanden. Ich sitze schon wieder draußen auf der Terrasse und genieße die Sonnenstrahlen. Mit einem Handtuch schütze ich meine Narbe. Inzwischen habe ich mein Blutdruckmessgerät erhalten. Natürlich habe ich es gleich ausprobiert – alles normal. Kein Wunder bei der Tablettenprozedur, die ich bereits nach dem Frühstück hinter mich gebracht hatte.

Nur noch zweimal schlafen, dann geht es für mich zur Reha. Rehabilitierung … hört sich irgendwie so an, als wäre ich im Gefängnis gewesen.

„Soll ich dich am Montag fahren?“, fragt meine Frau.

„Nein, ich habe mit ’nem Kumpel ausgemacht, dass er mich fährt. Du bist wegen mir schon genügend in der Gegend rumgefahren.“

Die Sonne strahlt mir direkt in die Augen. Ich kneife meine Augenlider zusammen und betrachte die Welt durch einen ganz schmalen Spalt. Meine Wimpern wirken dabei wie ein Weichzeichner und verleihen dem saftigen Grün eine Vignettierung wie in David Hamiltons Bildern. Die grünen Büsche im Garten und der

Apfelbaum – ein schöner Anblick. Im Geäst hängt ein Windspiel, das sich nur ganz leicht bewegt und dabei ein zart klingelndes Geräusch von sich gibt.

Diese Welt ist so ganz anders als die Welt, aus der ich komme. Wer jetzt wohl in meinem Bett liegt? Wie es dem wohl ergeht? Marina wird nun einen neuen Patienten haben, um den sie sich kümmern muss. Hoffentlich ist er nett zu ihr.

Meine Gedanken wandern weiter. Da schikaniert einer wie ich seinen Körper, treibt keinen Sport … und andere Menschen müssen rund um die Uhr arbeiten, um ihn wieder hochzupäppeln.

Inzwischen ist der Nachmittag angebrochen. Meine Familie aus Ulm ist da. Mit schwacher Stimme erzähle ich, was noch so alles in der Klinik passiert ist und natürlich reden wir wieder über den 28. Juli und dass ich Glück hatte und so weiter. Wir unterhalten uns viel über das, was geschah und das Wäre, Wenn, Hätte. Irgendwann merke ich, dass mich meine Kräfte verlassen. Ich schlafe mitten im Gespräch einfach in meinem Sessel ein.

Als ich eine Weile später aufwache, sind alle bereits gegangen, und es ist Abend. Nach einem kurzen Abendessen begleitet mich meine Frau die Treppe hinauf in mein Schlafzimmer. Unterwegs machen wir dreimal Halt auf der Treppe. Wieder zittern meine Beine und mir wird schon wieder übel. „Durchhalten“, denke ich mir im Stillen. Irgendwann liege ich endlich in meinem umgebauten Bett. Draußen zwitschern die Vögel auf der Jagd nach einem letzten Abendmahl, bevor die Dunkelheit auch sie verschluckt.

„Durchhalten“ wird meine Parole für eine lange Zeit werden.

65

Um einen Alptraum zu erleben, müssen wir nicht schlafen. Anonym

Samstag, 13. August, nachts

Ich liege in meinem Bett und spüre plötzlich eine ungewöhnliche Wärme um mich. Langsam breitet sie sich über meine Brust aus und kriecht über meine Rippen seitlich hinunter. Es fühlt sich an, als ob Wärme auf mein Laken tropft, sich unter mir festkrallt und rings um mich mein Bettlaken an mich zieht. So, als ob ich eingepackt werden soll in dieses wohlige Etwas.

Ich öffne langsam meine Augen und werde jäh und brutal aus diesem wunderbaren, heimeligen Gefühl gerissen. Mein Brustkorb ist aufgeplatzt. Blut, überall Blut! Wie aus einer Quelle pumpt es aus meinem Innersten und breitet sich im ganzen Zimmer aus. Die Wände, der Holzschrank – alles ist voller Blut. Geschockt starre ich durch meine aufgerissenen Rippen in mein Innerstes … Tief dort unten drin sehe ich mein Herz schlagen. Die Arterien, der Herzbeutel, zusammengezogen zu einer hässlichen Visage. Ungläubig starre ich in dieses fiese Grinsen, als die Fratze mich mit Blut anspuckt. Angewidert versuche ich mir das Blut aus dem Gesicht zu wischen … „Nein, nein, nein …“, höre ich mich rufen. Ich schreie um mein Leben.

Da packt mich plötzlich etwas an der Schulter: „Oliver!“ Was? Ich reiße die Augen auf. Vor mir stehen meine Frau und mein Sohn. „Du hast schlecht geträumt!“

Verwirrt blicke ich um mich. Nirgendwo Blut. Ich reiße die Bettdecke von mir … nichts. Alles in Ordnung. Mein Brustkorb ist ganz normal, die Narbe ist auch noch da. Alles okay.

„Ja, ich habe wohl geträumt“, gebe ich erleichtert von mir. „Nur geträumt“, flüstere ich abermals vor mich hin und wische mir den Schweiß von der Stirn. „… nur geträumt.“

Ich blicke zur Uhr. Es ist kurz nach drei. Den Rest der Nacht bleibe ich wach und warte, bis auch die Vögel ihre Nachtruhe beendet haben.

66

Gibst du auf die kleinen Dinge nicht Acht, wirst du Größeres verlieren. Menander

Sonntag, 14. August

Den Sonntag verbringe ich zum großen Teil im Garten, wo ich die Sonnenstrahlen, das Zwitschern der Vögel und das Summen der Bienen auf den Blumen genieße. Immer bedacht, meine Narbe vor den Sonnenstrahlen zu schützen, bin ich einfach – da.

Es kommt mir so vor, als würden mein Körper und mein Geist neu hochgefahren. Genau wie ein Computer, der abgestürzt ist und nun alle Programmteile und Informationen neu laden muss … ein Neustart.

Es ist nicht so, als ob ich alles vergessen hätte … doch, es ist so. Ich habe in der Tat vergessen, wie sich Gras unter meinen nackten Fußsohlen anfühlt. Ich habe vergessen, wie es ist, wenn man ein Glas Wasser in die Hand nimmt, ein Auge schließt und mit dem anderen durch das Glas in den Himmel sieht, um danach dieses klare Wasser langsam zu trinken und zu spüren, wie es einem guttut.

Ich hatte vergessen, was es bedeutet, einfach nur da zu sein, existieren zu dürfen. Wenn man erwachsen wird, lernt man nicht nur viel Neues, man verlernt auch viel – meist die einfachen Dinge, die einen auf ganz einfache Art glücklich machen.

All das will ich wieder lernen. Aber noch bin ich in der Mittelwelt, der Welt zwischen Herzinfarkt und Heilung. Heilung – darauf hoffe ich, wenn ich morgen in der Rehaklinik beginne.

Es sind nur acht Kilometer bis dorthin. Manch einer hat mich in den vergangenen Tagen gefragt, warum ich nach Bad Wörishofen gehe, schließlich sei es doch besser, weiter weg zu sein. Zum Beispiel an der Nordsee.

Wenn man plötzlich mitten aus dem Leben herausgerissen wird, dann will man nicht weit weg. Man will dort sein, wo man sich wohlfühlt, wo man zuhause ist. Dorthin, wo man sich sicher fühlt.

„Was soll ich an der Nordsee?", schüttelte ich jedes Mal den Kopf. „Ich gehe nicht auf Kur, sondern zur Reha. Ich war fast tot. Scheiße nochmal, ist das nicht weit genug weg von daheim?"

67

Um mich herum sehe ich viele alte Menschen.
Die meisten laufen auf Krücken oder haben einen
Rollator bei sich. Dazwischen tummeln sich ein
paar Jüngere, die sich unterhalten und lachen.
Das werden wohl die orthopädischen Patienten sein.
Ob alt oder jung: Jeder trägt eine Stofftasche mit
dem Logo der Klinik mit sich. Das ist das Zeichen,
an dem wir Invaliden uns erkennen.

Montag, 15. August, morgens

Heute beginnt ein neuer Abschnitt meines Lebens nach der Stunde Null. Showtime. Gerade als ich den Inhalt meiner Sporttasche nochmals kontrolliere, klingelt es an der Haustüre. Draußen steht mein Kumpel. Er hat einen Krankenfahrdienst und ist so nett, mich in die Klinik zu begleiten.

„Mensch, Alter, was machst du denn für Sachen?" Teilnahmsvoll nimmt er mich in den Arm.

„Tja, das wollte ich eigentlich gar nicht. Komm rein."

Wir setzen uns an den Esstisch. Da noch Zeit ist, erzähle ich ihm, wie alles geschah. Wieder einmal die Standard-Geschichte – damit beruhige ich ihn. Und mich auch.

„Okay, lass uns fahren. Kannst du meine Taschen tragen?“

Eine kurze Weile später sitze ich im Auto, zwischen Brustgurt und Brust habe ich wieder ein Frotteehandtuch geklemmt.

Die Fahrt dauert nur eine Viertelstunde. Schon stehe ich im Empfangsbereich der Rehaklinik in Bad Wörishofen. Erschöpft lasse ich mich dort auf einem Stuhl nieder. Von meinem Kumpel habe ich mich verabschiedet und warte nun, bis ich mit dem Einchecken an der Reihe bin.

„Fachklinik für Herz-Kreislauferkrankungen und Orthopädie“ steht auf dem Informationsblatt, das ich in der Hand halte. Hier also werde ich die nächsten drei Wochen meines Lebens verbringen. Hier soll ich rehabilitiert werden und auf das Leben da draußen vorbereitet werden.

Eigentlich war nicht mein Herzinfarkt einer der großen Wendepunkte meines Lebens. Der passierte mir einfach nur. Alles, was im Krankenhaus geschah, musste ich mit mir geschehen lassen. Jetzt aber, hier in der Reha, bin ich persönlich gefragt: Wie gehe ich mit der Sache um? Bleibe ich im passiven Status, oder finde ich zu einer aktiven Rolle in meinem Leben?

Diese drei Wochen werden der eigentliche Wendepunkt sein. Sie entscheiden darüber, ob mein kaputtes Herz mich in ein, zwei Jahren endgültig ausknockt, oder ob ich mein Schicksal nachhaltig zum Besseren wenden kann. Aber das weiß ich in diesem Augenblick, in dem ich in der Eingangshalle warte, noch nicht.

68

Der erste Schultag – ich werde von meinen Eltern
fotografiert, mit der Schultüte in der Hand. Sie ist
aus goldenem Papier gefaltet, mit Süßigkeiten drin.
Der erste Tag bei der Bundeswehr – eine
fremde Stadt, ein rauer Umgangston und ein
Bundeswehrtrainingsanzug,
der nie aufgehört hat, mich zu kratzen.
Der erste Tag in der Reha – dieser Mist-Aufzug
kommt und kommt nicht.

Ich wundere mich über einen Mann in Badeschlappen. In einen ausgeblichenen Bademantel gehüllt, trägt er ein Handtuch locker über die Schulter geschwungen und schlurft lässig über den grauen Teppichboden. Dann schleicht ein sehr dicker Mann am Empfangsbereich entlang. Sein Rollator hat Überbreite, so fett ist der Kerl. An sein Gefährt ist ein Sauerstoffgerät montiert, in der Nase des Dicken enden Schläuche. Zuerst denke ich: armer Kerl! Ich erinnere mich sehr gut daran, wie unbeweglich ich mich nur wenige Wochen zuvor mit meinen fünfzehn, zwanzig Kilo zu viel gefühlt habe. Wie muss er dann erst unter seinen siebzig, achtzig Kilo Übergewicht leiden! Oder sind es hundert?

Aber ich denke auch: Muss der denn so fett sein? Hätte der nicht ein bisschen besser auf sich aufpassen können? Mein Gott, so was ist doch echt nicht notwendig … Fremdschämen nennt man das.

Und dann geht mir auf einmal ein Licht auf: Auch ich müsste nicht hier sein, wenn ich rechtzeitig auf mich achtgegeben hätte. Ich habe keinen Grund, auf einem hohen Ross zu sitzen – ich war genauso unverantwortlich und ignorant gegenüber dem Geschenk des Lebens. Eine harte Lektion für mich.

Mir schräg gegenüber sitzt einer an einem Tisch, die Baumwolltasche neben sich auf dem Boden, ganz weiß und gelb im Gesicht.

Leicht vornübergebeugt sitzt er da, mit der rechten Hand hält er sein Hemd an der Brust vom Körper weg… genau so, wie ich selbst auf meinem Sessel sitze. Von unserer Körperhaltung her könnten wir Spiegelbilder sein. Bestimmt ebenfalls ein Flatliner, einer, der eine Herz-OP hinter sich hat, überlege ich. Denn dies ist genau die Geste, an der man Herzpatienten auf hundert Meter Entfernung erkennt.

Endlich werde ich aufgerufen. Am Empfangstresen muss ich eine Menge an Formalitäten erledigen: Daten werden ausgetauscht, Werte verglichen und die Regeln hier in der Reha erklärt. Ich höre nicht genau hin. Meine Konzentrationsfähigkeit entspricht immer noch der eines Goldfisches und reicht nur für wenige Sekunden. Mit „Ja… ja… aha… ja“ kaschiere ich meine Geistesabwesenheit. Dann bin ich plötzlich wieder voll da.

„Benötigen Sie Hilfe?“, hatte die Dame am Empfang gefragt.

„Ja!“, antworte ich erleichtert, denn ich merke, wie mich meine Kräfte bereits verlassen.

„Gut, es kommt gleich eine Pflegerin, die Sie auf Ihr Zimmer bringt. Sie haben Zimmer 347. Einen schönen Aufenthalt!“

Ich lasse mich wieder auf dem Stuhl nieder und warte auf meine Begleitung. Ich bin gespannt, wie mein Zimmer aussieht. Ob ich ein Einzelzimmer habe? Ich fühle mich wie ein Berufsanfänger, der sich für seinen ersten Tag an seiner neuen Arbeitsstelle fertig macht: unsicher und erwartungsvoll, mit einem Schuss Angst.

„Herr Gaw?… Herr Gaw?“ Eine weiß gekleidete Pflegerin holt mich aus meinen Gedanken.

„Ja, bitte, wie?“

„Ich darf Sie auf Ihr Zimmer begleiten. Können Sie Treppen laufen?“

„Äh, nein.“

„Gut, dann nehmen wir den Lift.“ Mit einem Ruck wirft sie meine Tasche auf einen Wagen. „Folgen Sie mir!“

Ich tippele neben ihr her, unsicher halte ich mich am Wagen fest.

„Wir müssen in den dritten Stock“, klärt sie mich auf und drückt die Taste neben der Aufzugstür. Der Knopf leuchtet auf, wir warten.

Lange. Entschuldigend schaut mich die Pflegerin an: „Das dauert mit dem Aufzug, wenn viele Leute unterwegs sind. Dann …"

Ihre letzten Worte höre ich nicht mehr. Mir wird schwindlig und ich weiß, ich werde mich keine zehn Sekunden mehr auf den Beinen halten können. Ich suche eine Sitzgelegenheit neben dem Fahrstuhl. Nichts. Mit letzter Kraft steuere ich auf den Stuhl im Empfangsbereich zu, den ich gerade erst verlassen habe.

„Herr Gaw! Was machen Sie? Ist Ihnen nicht gut?"

Nein, mir ist gar nicht gut. Die Luft, das Warten, das Stehen, der Infarkt, die OP … alles dreht sich. Es ist mir jetzt schon alles zu viel. Und ich bin noch nicht mal richtig in der Reha-Klinik angekommen.

„Ich muss mich nur setzen", hauche ich der Pflegerin zu.

Gerade, als ich wieder sitze, öffnet sich mit einem „Ping" die Fahrstuhltür. Ich arbeite mich wieder hoch und stolpere Richtung Aufzug. Geschafft! Drinnen sorgen Neonröhren an der Decke für kaltes Licht, das mich nur noch bleicher aussehen lässt. Mit dem Rücken lehne ich an der Wand, mit beiden Händen halte ich mich an dem Handlauf in Hüfthöhe fest. Zwei weitere Patienten steigen zu. Mit ihren Stofftaschen sehen sie aus, als kämen sie vom Einkaufen.

„Na, was hast du heute auf dem Plan?"

„Erstmal Gymnastik, dann Fußbäder. Danach Ergometer. Du?"

„Ich weiß nicht, muss auf meinen Plan schauen. Ich bin jetzt erstmal froh, dass ich eine Woche länger hier bleiben kann."

„Echt? Hast es geschafft?"

„Ja, cool, nicht wahr?"

Cool? Überhaupt nicht cool! Was soll das? Wie kann man froh sein, länger in einer Klinik sein zu müssen? Ich mache mir Sorgen. Auf drei Wochen Aufenthalt habe ich mich mental eingerichtet. Was, wenn es auf einmal heißt, ich solle noch länger in der Reha bleiben? Können die mich einfach länger da behalten? Meine Gedanken spielen verrückt. Ich will mich nicht mehr ausgeliefert fühlen – ich will so schnell wie möglich mein altes Leben wiederhaben.

Zum Glück öffnet sich die Tür des Lifts und ich darf aussteigen. Meine Pflegerin geht mit dem Wagen voran und ich schlurfe mit hängendem Kopf hinterher.

„So, da wären wir. Zimmer 347."

Sie öffnet die Tür. Ein Einzelzimmer, Gott sei Dank. Gleich am Eingang rechts ist das Bad. Links ein Schrank mit Schreibtisch und rechts in der Ecke steht mein Bett. Ein Krankenbett wie in einer Klinik. Geradeaus befindet sich eine Balkontüre, die Pflegerin reißt sie mit einem Ruck auf. Warme Sommerluft weht herein.

Wacklig gehe ich hinaus und stütze mich an dem Balkongeländer ab. Der Blick geht auf die Klinikküche und auf andere Balkone. Aber dort hinten kann ich ein Feld und den Wald sehen. Gar nicht schlecht, denke ich mir.

„Soll ich Ihre Sachen in den Schrank tun?"

„Ja, gerne."

„Nicht wahr, Sie hatten einen Herzinfarkt? Herzinfarktpatienten sind immer was Besonderes hier. Sie sind anders als die Orthopädiepatienten."

„So, echt? Sind sie das?"

Was sie wohl damit meint? Sie unterbricht meine Gedanken: „Ab 11:30 Uhr gibt es Mittagessen in der Kantine im ersten Stock. Ach so … bleiben Sie noch auf dem Zimmer. Es kommt gleich eine Ärztin für die Eingangsuntersuchung."

Sie winkt mir noch kurz zu und verschwindet auf dem langen Flur. Meine Zimmertüre fällt ins Schloss. Ich setze mich auf mein Bett und blicke um mich. Ein eigenes Zimmer für mich ganz allein. Und so fühle ich mich in diesem Moment auch: sehr allein.

69

Mit einem Restzögern öffne ich die Tür und atme
tief durch. Ich werde mein größtes Abenteuer
seit langem wagen: ohne Hilfe in den Speisesaal gehen.

„Herr Gaw, wie groß sind Sie?"

„1,87."

„Sie hatten einen Herzinfarkt?"

„Ja."

„Sie sind doch noch jung … Rauchen Sie?"

„Nein … äh, Zigarre. Ab und zu."

„Trinken Sie Alkohol?"

„Sehr selten."

„Hm, vom Gewicht her sehen Sie auch ganz normal aus. Wir messen mal den Bauchumfang."

Ich schiebe mein T-Shirt vorsichtig nach oben, während die Ärztin für die Eingangsuntersuchung ein Maßband auseinanderrollt und um meine Hüfte legt.

„Einhundert Zentimeter. Das ist an der Grenze."

„Grenze zu was?"

„Nun, nach neuen Erkenntnissen ist nicht mal so das absolute Gewicht maßgeblich, sondern wie das Gewicht um den Bauch verteilt ist. Ein dicker Bauch geht oft einher mit Kreislaufstörungen und Herzproblemen."

„Aha."

Ich überlege. Dann gestehe ich ein: „Vor meinem Herzinfarkt wog ich zirka 106 Kilo. Und ich war dicker."

„Wie viel wiegen Sie jetzt?" Prüfend schaut sie in die Akte. „Hm, neunzig. Dann haben Sie fast sechzehn Kilo abgenommen. Du meine Güte. Naja, wir werden Sie schon wieder hochpäppeln. Jetzt gehen Sie erstmal in die Kantine und essen was. Hier, Ihre grüne Karte. Sie dürfen alles essen, also Vollkost."

So plötzlich, wie die Ärztin in meinem Zimmer erschienen ist, so schnell ist sie auch wieder weg. Todmüde sitze ich auf meinem Bett. Die Sonne scheint leuchtend hell herein und es ist warm.

Eigentlich war das für mich genug Anstrengung für heute. Aber ich habe Hunger und Zimmerservice gibt es hier nicht. Für Socken und Schuhe reicht meine Kraft nicht, also schlüpfe ich nur in meine Flipflops.

Als hinter mir die Türe ins Schloss fällt, habe ich das Gefühl, die Besteigung der Eiger-Nordwand liegt vor mir. Ich habe keine Ahnung, wie ich das schaffen soll, aber ich denke mir: einfach Schritt für Schritt machen, dann schaffe ich das schon. Durch den halbdunklen Flur schlurfe ich Richtung Lift. Da macht es am Aufzug auch schon „Ping". In der Kabine drücke ich die Taste mit der Eins. Der Aufzug fährt aber erst einmal nach oben. Rollatoren werden hereingeschoben, Krücken stoßen an die Wände und es wird laut gelacht und darüber spekuliert, was es heute wohl zu Essen gibt.

Ich spüre, wie mir der Schweiß von der Stirn rinnt. In meinem Mund macht sich ein fader Geschmack bereit. Ping – endlich öffnet sich die Türe. Die anderen humpeln und schieben an mir vorbei. Ich schlurfe der Masse hinterher und bin endlich am Ziel meines Ausflugs – dem Speisesaal. Naja, so ganz bin ich noch nicht am Ziel – ich reihe mich in die lange Schlange vor dem Tresen ein und stütze mich an der Wand ab. „Halt durch!", flüstere ich mir zu, „halt durch!" Doch ich halte nicht durch. Langsam rutsche ich an der Wand in Richtung Boden.

„Sie sind bestimmt neu hier."

Ich blicke hoch. Vor mir steht eine Pflegerin mit einem gütigen Lächeln im Gesicht. Behutsam stützt sie meinen Arm: „Kommen Sie mit, ich bringe Sie zu einem Tisch und hole Ihr Essen."

Mit langsamen Schritten führt sie mich durch den Speisesaal, begleitet von gefühlt hundert Augenpaaren. Die meisten Tische sind voll besetzt. Ich höre die Menschen lachen, reden und schmatzen. Zielstrebig werde ich an einen Tisch geführt. Dort sitzt nur ein einzelner Mann mittleren Alters.

„Was darf ich Ihnen denn bringen? Fisch oder Fleisch?“, fragt die Pflegerin mich höflich.

„Fisch, bitte!“, hauche ich. Ich habe noch immer keine Kraft in meinen Stimmbändern, und mein Hals kratzt. Zusammengefaltet wie ein Häufchen Elend hänge ich auf meinem Stuhl, selbst meinen Kopf kann ich nicht gerade halten.

Mein Gegenüber isst konzentriert und schaut nicht auf. Ich beobachte ihn und überlege, warum er wohl hier ist. Als hätte mein Blick ihn angestupst, schaut er plötzlich hoch: „Herz?“

„Wie? … Äh … ja. Herzinfarkt.“

„Ich auch. Aber nächste Woche darf ich raus.“

Da fällt mir die Unterhaltung vom Eingang ein. Die beiden Männer, die sich darüber gefreut haben, hier noch eine Weile länger eine ruhige Kugel schieben zu dürfen. Ich will wissen, ob ich zu Haftzeitverlängerung verdonnert werden kann: „Wie ist das? Kann es sein, dass ich länger als die vorgesehenen drei Wochen hier bleibe? Oder dass ich gar selber hier bleiben will?“

Er beugt sich etwas in meine Richtung, fixiert mich mit seinem Blick und kneift dabei die Augen etwas zusammen: „Herzpatienten verlängern nicht.“

Ich fühle mich in einen Italo-Western versetzt, nicke ehrfürchtig und widerstehe dem Wunsch, schnell einen Blick unter den Tisch zu werfen, um zu sehen, ob er gerade den Lauf eines Colts auf mich gerichtet hat.

„Gut“, nicke ich erleichtert.

„Nein, Herzpatienten verlängern nicht“, bestätigt er noch einmal. Es ist, als würde er mit sich selbst sprechen. „Herzpatienten wollen nach Hause.“

70

Synonyme für das Wort „stranden“: Schiffbruch erleiden, auflaufen, sich festfahren, festsitzen, auf Grund laufen ...

Vor mir steht mein Tablett mit Fisch und Kartoffeln und einem Glas Wasser. Die freundliche Pflegerin verabschiedet sich und ich beginne zu essen, halb über dem Tisch hängend. Das hat nichts mit fehlenden Tischmanieren zu tun, sondern mit Erschöpfung. Es schmeckt klasse und mein Teller ist bald leer. Ich hatte wirklich Hunger gehabt!

Ich schaue um mich. An den meisten Tischen sitzen lärmende Menschen in Gruppen zusammen. Nur an wenigen Tischen im Saal sitzt nur jeweils ein Mensch. Wieder liest mein Gegenüber meine Gedanken: „Siehst du die, die alleine am Tisch sitzen? Alles Herzpatienten. Als Herzpatient willst du alleine sein. Die anderen sind orthopädische Patienten. Für viele von denen ist das ’ne Kur hier, wie Urlaub. Für uns Flatliners nicht.“

Verstohlen beobachte ich die Einzelgänger an ihren Tischen. In Gedanken versunken sitzen sie da, ein wenig nach vorne geneigt und darauf achtend, dass kein Stoff die Narbe mitten auf der Brust berührt – jeder Einzelne jäh aus dem Leben gerissen und in der Mittelwelt gestrandet. So wie ich.

71

Das scheint jetzt meine Haupttätigkeit in der Reha zu sein: Stühle und Bänke finden, bevor ich umkippe.

Montag, 15. August, früher Nachmittag

Auf dem Plan der Neuankömmlinge steht eine Führung durch die Rehaklinik. Fünfzehn Frauen und Männer haben sich in der Empfangshalle versammelt. Blass, unscheinbar und irgendwie eingeknickt geselle ich mich zur Gruppe. Wir warten auf den Führer, der uns die Räumlichkeiten erklären wird.

Fünf Minuten Verspätung – eigentlich ist das keine große Sache. Die Patienten schwatzen und tauschen Krankengeschichten aus – es herrscht eine Stimmung wie in einer Schulklasse vor dem Klassenausflug. Aber für mich sind diese fünf Minuten eine Ewigkeit. Ich kann nicht mehr stehen. Mir ist nicht gut. Wieder einmal sehe ich mich nach einer Sitzgelegenheit um. Davon gibt es im Eingangsbereich genügend. Sieben Meter muss ich überwinden, um mich setzen zu können. Die Arme schützend vor der Brust verschränkt, setze ich mich auf einen Stuhl und schnappe nach Luft. Gerade will ich mich dankbar auf dem Stuhl zusammenfalten, da kommt auch schon eine Dame zackig um die Ecke gebogen.

„Guten Tag, meine Damen und Herren, ich werde Ihnen nun unser Haus zeigen, damit Sie sich hier in den kommenden Wochen zurechtfinden werden." Und schon läuft sie in einen der viele Flure.

Die Gruppe setzt sich in Bewegung und trottet hinterher. Ich beeile mich, den Anschluss nicht zu verlieren. Aber ich bin so weit hinten, dass ich nichts von dem höre, was vorne gesprochen wird. Eigentlich interessieren mich die Möglichkeiten, welche die Klinik zuhauf bietet, auch nicht mehr. Ich bin schon vom Warten erschöpft und sehne mich nach meinem Bett. Stattdessen geht es durch lange

Flure Richtung Keller. Ich darf mit zwei anderen den Fahrstuhl nehmen. Im Untergeschoss angekommen postieren wir uns um ein Tretbecken. Ich höre nicht zu, sondern halte Ausschau nach einem Stuhl in der Nähe.

Eine kleine Holzbank rettet mich. Ich blicke um mich. Schilder hängen überall an Türen und Wänden. „Labor", „Urinprobe im Fach abstellen" oder „Blutabnahme – bitte ohne Aufforderung eintreten". Blutabnahme? Mich fröstelt. Himmel, ich hab im Krankenhaus so viel Blut verloren und mir wurde so viel von meinem Lebenssaft abgezapft – da ist doch gar keines mehr übrig, das ich abgeben könnte!

Es geht weiter – die Sightseeing-Dame ist so freundlich, mich darauf hinzuweisen. Ich rappele mich wieder auf und folge der Truppe. Wir passieren eine Baustelle. „Hier wird momentan gebaut, Sie hören es an dem Lärm. Die Klinik bekommt hier ein modernes Schwimmbad für Therapien im Wasser oder einfach nur zur Erholung. Sollten Sie schwimmen wollen, gibt es am Empfang Gutscheine für die nahe liegende Therme."

Endlich eine Information, die mich interessiert! Warmes Wasser, Entspannung, Urlaub … Ich blicke hoch … direkt in die Augen der Vortragenden. Die reagiert schnell: „Herzpatienten sind davon leider ausgenommen. Nach einer Herz-OP dürfen Sie nicht schwimmen. Die ausholenden Bewegungen mit den Armen könnten Ihren Brustkorb aufreißen."

Die anderen schauen mich mitleidig an. Ich suche einen Leidensgenossen unter ihnen, jemanden, dem es genauso dreckig geht wie mir im Moment. Fehlanzeige – alle um mich herum haben eine gesunde Gesichtsfarbe, während ich als Einziger im Halbdunkel des Kellers bleich leuchte wie Hui Buh, das Schlossgespenst.

Die Erkundungstour geht weiter. Als die Gruppe die neuen Gymnastikräume in Augenschein nimmt, entdecke ich um die Ecke einen Aufzug. Kurze Zeit später liege ich auf meinem Bett und falle in tiefen Schlaf.

72

Auch der längste Marsch beginnt mit dem ersten Schritt. Laotse

Montag, 15. August, abends

Zum Abendessen bin ich pünktlich. Nur zwei Leute vor mir. Ich schnappe mir ein Tablett und etwas Brot und vegetarischen Aufschnitt, dazu eine Tasse Tee.

Ich versuche, alleine, ohne Hilfe, an den Tisch zu gelangen. Zu meiner Überraschung gelingt mir das. Es geht wirklich in großen Schritten aufwärts mit mir. Stolz setze ich mich an den kleinen Tisch und genieße langsam kauend mein Abendbrot.

Als sich der Speisesaal füllt, bin ich bereits fertig und fahre mit dem Aufzug ins Erdgeschoss. Aus meiner Hosentasche krame ich den kleinen Schlüssel, den ich bei meiner Ankunft erhielt. Damit öffne ich mein kleines Schließfach, in das jeden Abend der aktualisierte Behandlungsplan für die laufende Woche gelegt wird.

Auf meinem Plan für morgen steht: 9:20 Uhr Sonographie Pleura und 16:45 Uhr Herzultraschall – UKG. Aha, denke ich, da ist morgen kaum etwas für mich zu tun. Soll mir recht sein, so müde, wie ich immer bin.

In der Aula neben dem Empfangsbereich entdecke ich mehrere Sessel und einen Wasserspender. Da ich Durst habe, probiere ich das Gerät gleich aus und setze mich in einen der Sessel.

Ganz intuitiv habe ich den zentralen Treffpunkt der Patienten zwischen ihren Behandlungsterminen gefunden. Hier lauscht man dem Flurfunk oder erfährt den einen oder anderen Tipp, wie man seine Kur verlängern kann. An diesem Treff geht es immer ganz munter zu – abgesehen von den blasshäutigen und schweigsamen Patienten, die sich manchmal hierher verirren und dann zusammengekauert dazwischensitzen und sich das Hemd von der Brust fernhalten.

Ich trinke meinen Becher leer und schleiche zur Treppe. Dass ich kaum ein paar Schritte gehen kann, ohne mich überanstrengt zu fühlen, geht mir auf die Nerven. Ich will wieder fit werden – und ich will gleich damit anfangen: Ich will nicht den Aufzug, sondern die Treppe nehmen. Krampfhaft halte ich mich am Geländer fest und versuche die erste Stufe zu erklimmen. Ein Blick nach oben zeigt mir das Treppenhaus, dessen Dimensionen sich wie in einem Alptraum ins Unendliche zu verlängern scheinen. Frustriert senke ich gleich wieder meinen Blick. Doch lieber den Aufzug?

Eine Putzfrau, die ich gar nicht bemerkt habe, gesellt sich zu mir: „Lassen Sie sich nicht entmutigen! So geht es allen hier."

„Ja? Meinen Sie?"

„Oh ja. Wenn die Herzpatienten ankommen, fahren sie alle mit dem Fahrstuhl. Dann, nach einer Woche schaffen sie aber den ersten Treppenabsatz. Und Sie werden sehen, am Ende Ihrer drei Wochen schaffen Sie es bis in den dritten Stock!" Sie lächelt mich freundlich an und macht sich dann wieder an ihrem Staubsauger zu schaffen.

Ich lache etwas gequält. „Danke! Ich nehme Sie beim Wort … und wehe, das stimmt nicht!"

Der Zuspruch der Putzfrau hat mich motiviert. Ich kämpfe mich die Treppe hinauf. Stufe für Stufe. Auf der vierten Stufe wird mir schwindlig, Schweiß perlt mir auf der Stirn. Hier auf dem Nanga Parbat bist Du alleine, denke ich mir. Nur die raue Natur und ich. Ich setze mich auf einen Stein und ruhe aus. Ganz oben ist der Gipfel längst in Nebel eingehüllt. Eine Schlechtwetterfront zieht auf, und das kann in dieser Gegend tödlich sein. Ich beschließe, auf halbem Wege umzukehren. Ich habe es nicht geschafft.

Trotzdem bin ich der Frau dankbar, weil sie mir Mut gemacht hat. Morgen ist wieder ein Tag, eine neue Chance, und vielleicht schaffe ich dann fünf oder sechs Stufen. Mit dem Lift geht es in den dritten Stock zu meinem Zimmer.

Dort angekommen, lege ich mich auf mein Bett und bin von den vielen Eindrücken des Tages k. o. So schlafe ich diese Nacht so gut wie schon lange nicht mehr – mindestens vier Stunden am Stück.

73

„Oma, musst du irgendwann sterben?“
„Ja. Wir müssen alle mal sterben.“
„Bist du dann ganz weg?“
„Nein, ich werde immer bei dir sein!“

Dienstag, 16. August

Der erste Morgen in meinem Zimmer. Die aufgehende Sonne hinter dem orangefarbenen Vorhang wirft ein wunderbar warmes Licht in den Raum. Es erinnert mich an das Haus, in dem meine Großmutter lebte. Am Eingang war eine verglaste Tür zur Ostseite. Die hatte ebenfalls einen orangefarbenen Vorhang. Dort lag ich als Kind auf der Couch und fühlte mich in dem warmen Licht wunderbar geborgen. Genau das gleiche wohlige Gefühl spüre ich in diesem Moment. Fast spüre ich die Hand meiner Großmutter auf meiner Stirn.

Chefarztvisite. Ein Professor. Groß. Schlank. Ein 64er wie ich, wie sich herausstellt. Wir sprechen über den Infarkt und er erklärt mir nochmals genau, was bei mir operiert wurde. Ich erzähle ihm dafür von meinen Beschwerden. Auch er führt die tauben Handhälften und die Schmerzen in meiner rechten Schulter auf einen so genannten Lagerschaden bei der OP zurück und verschreibt mir Massagen. Freude kommt bei mir auf. Massagen – das hört sich gut an.

Bei der Ultraschalluntersuchung liege ich auf dem Rücken in einem dunklen Raum. Ein Arzt sitzt neben mir, während ich liege. Er fährt dabei immer wieder mit einem kleinen Handgerät durch die glibberige Masse auf meinem Brustkorb umher und starrt gebannt auf einen Monitor. Immer wieder drückt er irgendwelche Tasten, um Werte und Bilder abzuspeichern.

Schließlich kommt er zu einem Fazit: „Mannomann, da hatten Sie echt Glück, wenn man Ihre Akte so anschaut. Aber Ihre Narbe sieht gut aus und den Rest bekommen wir auch noch hin.“

„Wann, denken Sie, bin ich wieder fit?", will ich wissen.

„Das wird dauern. Sie hatten zwei schwere Infarkte … Arbeiten können Sie erst wieder im Laufe des nächsten Jahres. Ihr Herz war immerhin zum Teil abgestorben. So lange müssen Sie Ihrem Körper Zeit geben."

Völlig desillusioniert ziehe ich mein Shirt wieder an. Aber dann denke ich an die Putzfrau. Nein, ich lasse mich nicht entmutigen. Ich werde meinem Körper Zeit geben, aber ich werde ihn auch trainieren. Ich setze mir ein Ziel: Ich werde noch in diesem Jahr wieder arbeiten.

Dieses Ziel werde ich gleich morgen angehen. Denn da steht zum ersten Mal Ergometertraining auf meinem Plan.

74

„War ich gut?", will ich von Lieutenant Uhura wissen.
„Für den Anfang nicht schlecht."

Der Wecker meines Smartphones klingelt. Es ist kurz vor vierzehn Uhr. Das Ergometertraining ruft. Es findet nur ein Stockwerk unter mir statt. Soll ich es wagen, die Treppe zu nehmen? Ich schlurfe zum Treppenhaus und halte mich am Geländer fest, so als stünde ich auf dem 10-Meter-Sprungturm eines Freibades. Dann wage ich den ersten Schritt. Langsam, einen Fuß nach dem anderen, steige ich die breite Treppe hinunter. An meinem Handgelenk baumelt die beigefarbene Stofftasche mit dem Aufdruck der Klinik darauf. Ja, auch ich bin inzwischen nun im Besitz einer solchen Tasche. Darin bewahre ich meine Trinkflasche, den Behandlungsplan und meinen Schließfachschlüssel auf.

Irgendwie habe ich es geschafft. Ich schwitze, keine Ahnung, ob mich die Angst oder die Anstrengung dazu gebracht hat. Wahrscheinlich beides.

Der Ergometerraum ist ein großer, frisch renovierter Saal, von bodentiefen Fenstern eingerahmt. Der Blick hinaus ist fantastisch: Man sieht auf den nahe gelegenen Wald und grüne Wiesen. Rechts stehen an die zehn Ergometer, in der Mitte des Raumes befindet sich ein Kommandopult. Hinter ihm sitzen wie Captain Kirk und seine Crew die Physiotherapeuten und ein Arzt als Aufsicht.

Nach und nach trudeln meine Mitfahrer ein. Lieutenant Uhura bittet mich, auf Fahrrad Nummer acht Platz zu nehmen, einem Ergometer in der hintersten Reihe, direkt an der Wand. Dann wird ein Fahrer nach dem anderen mit den EKG-Kabeln auf der Brust verbunden. Die Profis stöpseln sich selbst an.

Die Physiotherapeutin erklärt mir kurz, welche Farbe ich künftig wohin kleben muss, dann wechselt sie zu der älteren Dame neben mir. Es hat ein bisschen was von Tour de France, wie wir da so alle auf dem Rad sitzen. Mein Handtuch habe ich vorsorglich über den Lenker geschwungen.

Auf den Rädern vor mir sitzen zwei Herren. Draußen ist Hochsommer und auch im Saal ist es trotz Klimaanlage relativ warm. Zu meinem Schrecken ziehen die beiden ihre Shirts aus und entblößen die speckigen Rückenschwarten ihrer übergewichtigen Körper. „Muss das sein?“, frage ich mich. Du meine Güte – die glänzen jetzt schon vor lauter Schweiß, und wir haben noch nicht mal angefangen.

Ich versuche, mich auf meinen kleinen Computer vor mir zu konzentrieren, da kommt auch schon die Anweisung, mit dem Treten anzufangen. Puh, gar nicht so leicht, wenn man das Radfahren nicht mehr gewohnt ist. Aber ich beschließe durchzuhalten. Ich blicke zu der älteren Dame neben mir. Aufrecht sitzend macht sie den Eindruck, sie radelte auf ihrer morgendlichen Fahrt zum Tulpenmarkt durch die Grachten in Amsterdam. Ihre Fahrt währt aber nur kurz, bereits nach wenigen Minuten muss sie abbrechen. Schweigend verlässt sie den Raum. In ihrem Stoffbeutel trägt sie keinen Kopfsalat nach Hause.

Plötzlich vernehme ich ein Schnauben und Röcheln und Atmen, wie es nur bei Presswehen von Fünflingen vorkommen kann. Ich blicke hoch und stelle fest, dass es die beiden Walrösser vor mir sind.

Links und rechts rinnt der Schweiß an ihren Hautlappen hinunter. Bei dem Anblick wird mir übel und zeitgleich dringt mir ein säuerlicher Geruch nach Männerschweiß in die Nase. Die Anstrengung des Radfahrens tut ihr Übriges.

„Herr Gaw? Geht es Ihnen gut?“

„Jaja …“

„Sieht aber auf dem Monitor nicht so aus. Wir brechen ab.“

Ich bin erleichtert, als ich spüre, wie das Treten plötzlich leichter wird und der Widerstand in den Pedalen wegfällt.

Wie von Geisterhand lösen sich die Kabel von meiner Brust und ich bin wieder autark. Erschöpft steige ich von meinem Ergometer, wische mir den kalten Schweiß mit meinem Handtuch von der Stirn und nehme einen kräftigen Schluck Wasser aus meiner Plastikflasche. Ich werde noch angewiesen, wie ich die Griffe und den Sattel meines Gefährts zu reinigen habe. Dann erfahre ich, dass ich knapp über zwanzig Minuten bei fünfzehn Watt geschafft habe.

Fünfzehn Watt, das ist bei den meisten Ergometern die allergeringste Einstiegsbelastung – weniger geht nicht. Du musst dir nur vorstellen, wie funzelig eine 15-Watt-Glühbirne glimmt, dann weißt du, dass meine Leistung an diesem ersten Tag kaum der Rede wert ist. Jedenfalls nicht für einen normalen, gesunden Menschen. Für einen Infarkt-Patienten zwei Wochen nach seiner Herz-OP war es aber eine echte Herausforderung.

„Watt“ – das ist die Zahl, an der ich künftig meine Leistung messen werde. Zu den 225 Watt, die ich ein halbes Jahr später bei der Nachkontrolle leisten kann, ist es aber noch ein weiter Weg.

Ich schnappe meinen Stoffbeutel. Abgekämpft und müde, aber irgendwie gut drauf, beende ich für heute die erste Etappe meiner Tour de France. Gerade will ich den Saal verlassen, da fällt mir etwas ein und ich drehe nochmals um. Captain Kirk: „Haben Sie was vergessen?“

„Ja, äh … das nächste Mal möchte ich bitte in der ersten Reihe fahren. Dann hab ich die schwitzende Nudisten-Fraktion *hinter* mir. Danke!“

Noch immer lächle ich zufrieden, als ich in meinem Badezimmer die Dusche genieße. Hey, ich dusche … ganz alleine, selbstständig, für mich! Kein Pfleger, keine Aufsicht. Mit geschlossenen Augen stehe ich einfach so da und genieße das warme Wasser, wie es auf meinen Körper prasselt. Ich lache und freu mich wie ein kleines Kind im warmen Sommerregen. „Alles wird gut“, höre ich mich laut reden.

Ich möchte, dass es kälter ist. Ich suche den Hahn für das kalte Wasser und öffne die Augen. Da durchfährt mich ein Schreck … ich stehe in einer Blutlache. Blut rinnt an meinen Schenkeln hinunter in den Abfluss. Eines der Pflaster an meinen Rippen hat sich mal wieder gelöst.

Meine Freude schwindet. Warum heilt diese Wunde nicht? Alle anderen sind doch bereits geschlossen. Ich besorge mir auf dem Stationszimmer ein neues Pflaster und dichte das Loch fachmännisch ab. Nach einer Weile hört es endlich auf zu bluten.

Es ist Gott sei Dank das letzte Mal, dass eine meiner Wunden wieder aufbricht. Wie sagt man so schön? Die Zeit heilt alle Wunden … auch meine.

75

Schweb wie ein Schmetterling, stich wie eine Biene!

Muhammad Ali

Donnerstag, 18. August

Los geht es um acht Uhr dreißig mit OP-Gymnastik. Ich bin schon sehr gespannt und freue mich auf ein bisschen Sport. Ich hatte zwar jahrelang keinen Sport mehr gemacht, aber eigentlich bin ich sportlich.

So wie im Ergometerraum gibt auch in der Gymnastikhalle eine riesige Glasfront den Blick aufs Grüne frei. Wir, das sind ungefähr zehn Leute, werden von zwei jungen Physiotherapeutinnen empfangen, die uns darüber aufklären, dass jede OP-Gymnastik mit Pulsmessen beginnt.

„Sie erfühlen nun bitte alle selbst Ihren Puls!“, ruft die eine in die Runde, „entweder am Hals oder am Handgelenk. Und zwar so.“ Mit erhobenen Händen zeigt die andere, wie man richtig den Puls fühlt. Und genau in diesem Moment fängt es an, lustig zu werden. Zwei ältere Herrschaften erfühlen den Puls auf dem Handrücken. Sie werden sofort korrigiert.

Die Turnlehrerin fährt fort: „Zählen Sie nun bitte Ihren Puls mit. Ich stoppe die Zeit. Auf die Plätze … los!“

Ich stelle fest, dass mein Puls ziemlich schnell ist: 22, 23, 24 …

„Stopp!“, ruft die junge Dame im weißen Sportdress. „Nun nehmen Sie die Zahl bitte mal 4 und teilen Sie mir mit. Wir beginnen bei Ihnen!“ Mit einer Nickbewegung deutet sie auf einen älteren Herrn. „15!“, ruft der freudig in die Menge. Ich schmunzle.

„Das kann nicht sein. Haben Sie die Zahl mal 4 genommen?“

„Welche Zahl?“

„Na die gemessene.“

„Ach so … äh, nein, glaube nicht.“

„Hatten Sie 15 gemessen?“

„Ja.“

„Gut dann nehmen wir die mal 4.“

„Okay, 80.“

„15 mal 4 gibt 60.“

„Ach so, mal 4, ja, stimmt.“

Langsam kann ich mein Lachen nicht mehr unterdrücken. Ich drehe mich Richtung Fenster, damit die anderen mein Gesicht nicht sehen können. Die Stunde hier entwickelt höchsten Unterhaltungswert.

„Der Nächste, bitte!“, fordert sie auf.

„68!“

„Schön! Der Nächste!“

„72!“

„Gut. Und Sie?“

„320!“

Es wird schallend gelacht.

„Das kann nicht sein.“

„Doch, ich hatte 80 … und das mal 4.“

„Sie hatten wahrscheinlich 20 und hatten das schon mit 4 multipliziert.“

Der Herr im karierten Hemd läuft im Gesicht rot an und bestätigt die Vermutung.

„Was haben Sie für einen Puls?“, nickt sie auffordernd in meine Richtung.

„96!“

„Das ist aber sehr hoch. Haben Sie Ihre Tabletten nicht genommen?“

„Doch, habe ich. Gleich nach dem Frühstück.“

„Dann nehmen Sie die Tabletten bitte das nächste Mal *vor* dem Frühstück!“

Ich wundere mich. Schließlich ist es eine ärztliche Anweisung, sie *nach* dem Frühstück zu nehmen. Dieser Punkt wird auch in den nächsten Gymnastikstunden zu regelmäßigen Diskussionen führen.

Endlich beginnen wir mit dem praktischen Teil. Zum Aufwärmen sollen wir einfach durch den Raum gehen … kreuz und quer, wie es uns beliebt. Ich setze mich lieber, da ich schon schlapp bin.

Die nächste Übung besteht darin, dass sich alle Teilnehmer im Kreis aufstellen. Nun wird ein Tennisball von einem zum anderen weitergereicht. Gereicht, wohlgemerkt, nicht geworfen. Was soll das?, frage ich mich – da fällt der Ball schon zu Boden. Wir bekommen kaum einmal eine Runde hin, ohne dass ein Griff danebengeht und der Ball irgendwo hinkullert. Oh Gott! Wir sind wirklich eine Truppe von Leuten, die die allereinfachsten Dinge nicht hinbekommen. Aber es soll noch schlimmer kommen.

Jeder erhält ein Seil, ungefähr zwei Meter lang, das er vor sich auf den Boden legen und gerade ausrichten soll. Dann besteht unsere Aufgabe darin, mit kleinen und langsamen Schritten an unserem Seil entlangzugehen. Das kann jetzt nicht euer Ernst sein!, denke ich mir. Aber schon rumst es, und die ersten beiden Teilnehmer haben ihr Gleichgewicht verloren und liegen verdattert auf dem Boden.

Was den anderen an Körperbeherrschung fehlt, fehlt mir an Ausdauer. Selbst die einfachsten Übungen schaffen mich konditionell. Ich habe mir nicht vorstellen können, wie weit unten wir alle hier in der Reha wieder anfangen müssen. Wie tief wir gefallen sind. Jetzt weiß ich es.

76

Die zierliche Frau neben mir hätte gerne Herzklopfen. Sie wünscht sich nichts mehr, als dass ihr Herz wieder von alleine schlägt. Doch das, was ihr Herz dazu bringt, das Blut durch ihren Körper zu pumpen, muss sie in einem Kästchen vor sich hertragen.

Nach der Gymnastikstunde setze ich mich in die Aula und hole mir einen Becher Wasser aus dem Automaten. Dort sitzt auch die junge Frau in einem Sessel, die mir schon in der Gymnastikstunde aufgefallen war. Sie ist etwa vierzig Jahre alt, um ihren Hals trägt sie einen Gurt. Daran ist ein Kasten befestigt, der auf ihrem Schoß ruht.

„Darf ich Ihnen auch ein Wasser geben?“

„Gerne!“, antwortet sie mir mit einem leichten Lächeln in ihrem blassen Gesicht. Ich reiche ihr den Plastikbecher und setze mich zu ihr. Sie bedankt sich und will wissen, weshalb ich hier bin.

„Herzinfarkt, zweimal. Mit OP!“ Stolz zeige ich ihr meine Narbe. „Und Sie?“

„Herztod. Mein Herz schlägt nicht mehr.“

Es verschlägt mir die Sprache und irgendwie weiß ich in dem Moment gar nicht, was ich sagen soll.

Aber sie fährt mit ihrer Erklärung fort. „Der Kasten hier ...", sie hält ihn mir entgegen, „ist sozusagen mein Herz. Die Maschine da drin hält mein totes Herz am Laufen. Ich bin für ungefähr zwei Jahre krankgeschrieben. So viel Zeit habe ich, um auf ein Spenderherz zu warten."

Gedanken rauschen durch meinen Kopf. Die ganze Zeit hatte ich mir meinen Herzinfarkt als die ultimative Krankheit vorgestellt. Schlimmer als mir konnte es keinem gehen. Seht her! Ich bin dem Tod am nächsten gewesen! Als ob das hier ein Wettbewerb wäre ... Da komme ich mir so leidend vor mit meinem Herzinfarkt, und diese Frau hat ihr Herz ganz verloren. Es ist wirklich so: Egal, wie schlimm es für dich aussieht und wie verfahren deine Situation auch ist – es gibt immer einen, dem es noch schlechter geht. Eigentlich bin ich gut dran, geht mir durch den Kopf. Verlegen schaue ich zu der Frau hinüber, die ganz ruhig dasitzt und ihr Leben in ihren Händen hält.

Mir fallen auch die Diskussionen über Organspenden ein. Das Thema wird ja immer wieder mal durch die Presse gejagt. Dafür oder dagegen, ja oder nein? Was ist richtig? Immer wieder habe ich mir selbst diese Frage gestellt. Und nun sitze ich einem jungen Menschen gegenüber, der so gern ein Herz hätte. Der darauf wartet, ohne einen Automaten leben zu können. Wenn man so einen Menschen kennt, kann man dann noch gegen Organspenden sein? Ich weiß jetzt schon, dass es dauern wird, bis ich diesen Denkzettel verdaut habe.

Wir schweigen. Ich trinke meinen Becher aus und verabschiede mich. Wie ich so weitergehe, bete ich im Stillen für die Frau. Ich hoffe von Herzen, dass ihr bald geholfen wird. Vielleicht reicht mein Glaube auch für sie.

77

Ich dachte immer, in Bad Wörishofen wird
gekneippt, also war ich auf kalte Duschen und
Güsse vorbereitet.
Doch für mich gibt's was Warmes.

Donnerstag, 18. August, nachmittags

Mein erster Termin in der Badeabteilung ist eine Offenbarung, was mein Körpergefühl angeht. Der „Bademeister" bittet mich auf einen Stuhl. An einer Wand davor ist ein metallenes, tiefes Becken angebracht. Gerade so tief, dass ich meine überkreuzten Arme in das eingelassene warme Wasser eintauchen kann, während mein Brustkorb mit einem Handtuch an der Wannenkante geschützt ist. Der Bademeister stellt einen Wecker.

Ich blicke zu ihm hoch: „Das warme Wasser tut gut!"

„Dann ist es richtig. Sie hatten 'nen Herzinfarkt, nicht wahr?"

„Ja, hatte ich – zwei sogar."

„Du meine Güte. Und jetzt geht es Ihnen richtig schlecht."

„Oh ja!"

„Viel zu früh!"

„Wie meinen Sie?"

„Sie wurden viel zu früh entlassen. Das sehen wir hier oft bei unseren Patienten. OP und raus aus dem Krankenhaus."

„Naja, man will uns schneller wieder eingliedern."

„Quatsch, man will Kosten sparen. Ich mache meine Arbeit schon mehr als zwanzig Jahre. Früher kamen die Herzpatienten nach drei bis vier Wochen aus dem Krankenhaus. Da waren sie fit. Wir gingen wandern oder spielten Fußball. Heute kommen sie als halbe Leichen an."

Hm, halbe Leiche ist ein treffender Ausdruck für meine momentane Konstitution.

„So, in zehn Minuten klingelt der Wecker. Dann wechseln Sie rüber zu dem anderen Becken da an der Wand. Das ist kaltes Wasser. Aber nur bitte zehn Sekunden eintauchen. Das bringt Ihren Kreislauf in Schwung. Ich bleibe in der Nähe."

Das Armbad in dem warmen Wasser tut mir gut. Wohlige Schauer laufen mir den Rücken rauf und runter … lange habe ich so etwas nicht mehr gespürt. Ein schönes Gefühl.

Da klingelt der Wecker. Ich befolge die Anweisung und tauche meine Arme in das kalte Wasser ein … Auch das tut gut. Mir wird bewusst: Zum ersten Mal seit langem habe ich wieder ein gutes Körpergefühl. Mein Körper kannte in den letzten beiden Wochen nur die Zustände „Schmerzen" oder „keine Schmerzen". Dazwischen fühlte ich nichts. Jede einzelne Nervenzelle scheint nun in mir zu erwachen.

Endlich.

78

Essen Sie bunt! Gemüse, Obst – einfach bunt!

Ernährungsberaterin in Wörishofen

Freitag, 19. August

Die erste Woche ist fast vorbei. Das Wochenende naht. Zuvor steht aber noch eine Ernährungsberatung auf dem Plan. Ich bin neugierig und betrete den bereits gut gefüllten Lehrsaal. Mitten in der Menge erblicke ich noch einen freien Stuhl und arbeite mich durch die Reihen dorthin.

Die Tür öffnet sich und eine vom ersten Augenblick an sympathisch wirkende Dame im weißen Kittel betritt den Raum. Mit einem netten bayerischen Akzent klärt sie uns in knappen Stichworten über gesunde Ernährung auf. Ich höre aufmerksam zu. Schließlich will ich genau an diesem Punkt etwas bei mir ändern.

Eigentlich ist das Thema „Gesunde Ernährung“ gar nicht so kompliziert: Vielseitigkeit ist der Schlüssel. In großen Buchstaben wirft der Beamer den markanten Satz an die Wand: 5 AM TAG. Was so viel bedeutet wie: fünfmal am Tag Obst und Gemüse essen.

Man darf reichlich Getreideprodukte und Kartoffeln essen. Zwei- bis dreimal in der Woche soll Fisch auf dem Speiseplan stehen. Dazu meint sie: „Es ist im Prinzip völlig egal, *welchen* Fisch Sie essen. Und wenn es nur Fischstäbchen sind. Letztendlich kommt es darauf an, dass Sie in dieser Zeit kein Fleisch zu sich nehmen.“

Interessant sind dann auch ihre Ausführungen, was den Nährwert verschiedener Speisen angeht. Sie zeigt uns, wie viel Fett in einem Paar Wiener enthalten ist und wie viel Reis und Hühnchen man stattdessen essen könnte. Mit leichtem Schaudern denke ich an die vielen Leberkäs-Semmeln, die ich früher unterwegs verdrückt habe. Eigentlich ein Wunder, dass mein Körper das so lange mitgemacht hat.

Die Reha fängt an, mir richtig Spaß zu machen. Nicht nur mein Körper wird fitter. Auch mein Geist wird wieder wacher und interessierter. Die Zerstreutheit der ersten Tage schwindet allmählich.

Später gibt es einen Lehrfilm zum Thema Herzinfarkt. Der Sprecher erklärt: „Wenn Sie im Winter schnell gehen und Sie verspüren ein Stechen in der Brust, welches gleich verschwindet, sobald Sie stehen bleiben … dann ist das ein untrügliches Zeichen dafür, dass Sie unter Angina pectoris, also einer Brustenge leiden, die durch einen Engpass in einem Herzgefäß hervorgerufen wird.“

Dem Rest des Films kann ich nicht mehr folgen. Brustenge, Stechen … genau das waren doch die Symptome vor Jahren, als ich zum Eishockey hetzte. Das Stechen in der Brust, das sofort aufhörte, als ich stehen blieb.

Ich bereue schon längst, dass ich so lange so ungesund gelebt habe. Wäre ich nur ein bisschen aufmerksamer mit mir umgegangen, wäre mir das ganze Leiden erspart geblieben. Hätte ich mehr Sport gemacht … hätte ich mich gesünder ernährt … hätte, hätte, hätte …

Jetzt kommt noch ein „Hätte“ hinzu: Hätte ich nur nicht versucht, selber Arzt zu spielen. Ich hatte meinen Arzt damals davon überzeugt, dass mein Stechen in der Brust mit der Lungenentzündung zusammenhing, die ich zuvor gehabt hatte. Er schickte mich zum Lungenspezialisten. Damit war die Chance vertan, noch rechtzeitig in meinen Krankheitsverlauf einzugreifen.

War mein Arzt zu unerfahren? Nein, er ist ein sehr guter Arzt. Aber ein Hausarzt muss sehr genau auf das hören, was sein Patient ihm berichtet. Das Aussehen und die Aussagen der Patienten sind die Basis, auf der die Diagnose gestellt wird. Viel mehr Anhaltspunkte stehen ihm nicht zur Verfügung.

Heute weiß ich, dass viele der Patienten mit Herzproblemen, die ich in Krankenhaus und Reha kennenlernte, zuvor bei ihren Ärzten gewesen waren, weil sie sich nicht wohl fühlten oder sonstige Symptome aufgetreten waren: Zahnschmerzen, Rückenschmerzen, Sodbrennen, Taubheitsgefühle … Der Herzinfarkt trägt so viele Gesichter! Oft hatte der Arzt den Zusammenhang mit einem angegriffenen Herzen hergestellt. Manchmal aber wurde er von seinem Patienten, der meinte, alles besser zu wissen, in die falsche Richtung geschickt.

79

Es gibt immer noch einen weiteren Grund.

Der Psychologe

August, Beginn der zweiten Reha-Woche

Psychologe – das ist ein Wort, das mir seit jeher Unbehagen bereitet. Dabei bin ich selber ein halber Psychologe. Nach vielen Jahren im Außendienst lernt man einiges über Menschen.

Als mir mein Arzt vorschlägt, an diesem Nachmittag die von einem Psychologen betreute Männergruppe in der Reha-Klinik zu besuchen, sage ich zu. Ich erwarte mit dem Kursleiter eine Unterhaltung unter Gleichgesinnten. Auf Augenhöhe. Der Gedanke, endlich mal wieder in einem Gespräch gefordert zu werden, gefällt mir.

Als ich den Raum betrete, sitzen schon neun Männer an einem großen Tisch. Herr Psychologe ist noch nicht da. Ich flüstere ein „Hallo", das kaum hörbar von den Anwesenden zurückgehaucht wird. Alles Herzpatienten, sehe ich.

Die Körpersprache der Anwesenden verrät mir sofort: Sie fühlen sich hier nicht wohl. Ich schon, ich habe nichts zu befürchten. Was Psychologie angeht, bin ich mit allen Wassern gewaschen. Über mich selbst muss ich nichts erfahren, ich weiß schon alles. Und wenn er mir mit irgendwelchen Psychologentricks zu nahe treten will, dann werde ich das schon zu verhindern wissen. Wer wird wohl die besseren Argumente haben? Er oder ich? Ich nutze die Zeit und wetze meine inneren Sinne. Nur nichts an mich ranlassen, denke ich.

Ich setze gerade ein inneres Lächeln auf, als die Tür auffliegt und ein sportlich wirkender Mann den Raum betritt; vom Alter her dürfte er allerdings schon weit über dem Renteneintrittsalter liegen. Mit amerikanischem Akzent begrüßt er uns und stellt sich als Psychologe des Hauses vor.

Die Einleitung ist kurz, gleich legt er mit ein paar deftigen Witzen los. Damit hat er sofort die Aufmerksamkeit der Anwesenden. Das Eis ist gebrochen. Der Psychologe erzählt über das Trauma Herzinfarkt und seine Folgen. Ich blicke im Raum umher und in die Gesichter der anderen. Ja, der Mann versteht was von seinem Fach. Die steife Stimmung ist wie weggeblasen. Aus meiner Vogelperspektive heraus fühle ich mich den anderen überlegen, hier oben lässt es sich aushalten.

„Ihr Herzinfarkt mag vielleicht eine Folge von zu hohem Cholesterin sein. Oder von Bluthochdruck oder falscher Ernährung oder sonst irgendwas", sagt der alte Mann. „Es gibt aber immer noch einen weiteren Grund. Und dieser Grund sitzt tief in Ihrem Innern." Er macht eine Redepause und schaut jedem Einzelnen in die Augen.

Auch wenn ich mir fest vorgenommen hatte, distanziert zu bleiben, hat er nun doch meine volle Aufmerksamkeit.

Der Psychologe fährt fort: „Stress zum Beispiel. Stress in der Arbeit, Stress in der Familie. Diesen Stress wird es immer geben. Aber ich sage Ihnen was: Früher ist man mit seiner Freizeit anders umgegangen. Am Sonntag ging man mit der Familie in die Berge, in die Natur. Oder zum Frühschoppen mit Kumpels und schimpfte über dies oder das. Abends hatte man oft feste Rituale – ein Feierabendbier oder ein gemeinsames Abendessen. Heute stressen wir uns auch in der Freizeit durch Termine."

Er hält wieder einen Augenblick inne. Als ob er die Einwände in den Köpfen lesen könnte, fährt er fort: „Ich sage nicht, dass es ein Allheilmittel ist, in die Berge zu fahren. Aber jeder von Ihnen sollte sich über seine Freizeit Gedanken machen. Was tun Sie alle in Ihrer Freizeit für sich persönlich?"

„Na, da ist echt ein Blödmann hier im Raum", denke ich. Der kann gerne den anderen Angst einjagen – mir nicht. Ich arbeite viel und deshalb genieße ich meine Freizeit ganz besonders. Sie ist angefüllt mit lauter guten Dingen, die mir Spaß machen.

Ich habe Recht. Einer von uns ist ein Blödmann. Aber nicht der, den ich meine.

80

Der Kluge lernt aus allem und von jedem, der Normale aus seinen Erfahrungen, und der Dumme weiß alles besser.

Sokrates

Der Psychologe gönnt uns eine kleine Denkpause. Dann fährt er fort: „Ein Herzinfarkt kann noch viele andere Gründe haben. Die Familie zum Beispiel. Wenn es hier nicht stimmt, kann das eine Ursache für Ihre Krankheit sein."

Was? Was sagt er da?

„In den nächsten Jahren werden Sie Ihre Familie und Ihre Partnerschaft unweigerlich auf den Prüfstand stellen. Und ein Teil von Ihnen wird sich vermutlich von seinem Lebenspartner trennen. Ja, eine funktionierende Partnerschaft ist elementar fürs Überleben. Haben Sie ein gemeinsames Hobby mit Ihren Partnern?"

Stillschweigen im Raum.

„Tanzen Sie?" Prüfend blickt er in unsere Gesichter.

Noch tieferes Schweigen.

„Nichts bringt einer Partnerschaft mehr Schwung, als wenn man zusammen tanzen geht. Es ist unglaublich gut für das Herz und die Seele. Machen Sie einen Tanzkurs!"

Er macht eine längere Redepause und erkundet weiter die Reaktionen in den Gesichtern seiner Zuhörer. Dann fährt er fort: „Manch einer von Ihnen hat vielleicht auch mit seinen Eltern gebrochen, also den Kontakt abreißen lassen, aus welchen Gründen auch immer."

Verdammt! Jetzt hat er mich!

„Wenn jemand mit seinem Vater bricht oder der Mutter, dann hackt er damit selbst seine eigenen Wurzeln ab!" Seinen letzten Satz unterstreicht er durch eine eindeutige, schneidende Handbewegung am Oberschenkel. „Eltern machen Fehler. Große Fehler. Aber sie bleiben Eltern! Sie sollten immer unser Ruhepol sein, unser Rückzugsort."

Meine Eltern haben sich scheiden lassen, als ich mitten in der Pubertät war. Das hat der Beziehung zu meinem Vater nicht gut getan. Aber zumindest eines hatten wir gemeinsam: Wir waren beide stur. Ich war ungefähr 30 Jahre alt, als ich das letzte Mal ein Wort mit meinem Vater wechselte. Jahre später hörte ich, dass er an Krebs erkrankt war. Meine Versuche, mit ihm doch noch in Kontakt zu treten, blieben erfolglos. Er starb wenige Jahre vor meinem Herzinfarkt. Ich schlucke. Ich bin erst mal bedient. Am liebsten würde ich jetzt gehen.

Doch der Psychologe ist noch nicht fertig. Auch seine nächsten Worte platziert er punktgenau: „Ein Herzinfarkt ist eine Katastrophe für die Psyche. Sollten Sie eine Herz-OP hinter sich haben, kommen noch die physischen Belastungen des Brustkorbs dazu und der

Umstand, dass Sie stundenlang operiert wurden, während Ihr Herz quasi tot war. Das alles hat Folgen."

Man könnte eine Stecknadel fallen hören. Aus meiner überheblichen Vogelperspektive bin ich längst auf den Boden der Tatsachen runtergeknallt.

„Wir wissen nicht, was so ein Eingriff mit dem Unterbewusstsein anstellt. Wir wissen nur, dass manche Patienten nach ihrer körperlichen Genesung in schwere Depressionen versinken oder sogar Suizid begehen. Das wollen wir hier in der Klinik verhindern. Ein zentrales Hilfsmittel ist Sport. Sport bringt kleine Erfolge und ein gutes Gefühl. Leider müssen wir nun Schluss machen. Wir können in dieser kurzen Zeit natürlich nicht in die Tiefe gehen. Aber ich bitte Sie – vereinbaren Sie einen persönlichen Gesprächstermin mit mir. Ich nehme mir Zeit und wir sprechen miteinander. Danke!"

Nie im Leben, denke ich mir – schnell hat mein Ego wieder die Oberhand erlangt. Ich werde keinen Termin ausmachen. Ich brauche keinen Psychologen. Ich bin doch nicht verrückt, und Depressionen habe ich auch keine.

Noch halb in Gedanken bei meinem Vater verlasse ich den Raum und ziehe mich in mein Zimmer zurück. Dort lasse ich mich auf meinen Stuhl fallen und ziehe meinen Kopf zwischen meine Schultern. Ich habe ein Ziehen in der Brust.

81

Es ist nicht zu wenig Zeit, die wir haben, sondern
es ist zu viel Zeit, die wir nicht nutzen.

Lucius Annaeus Seneca

Auch wenn ich es gar nicht will – die Gruppenrunde mit dem Psychologen lässt mich noch Tage grübeln. Eigentlich, so denke ich mir, wäre ein persönliches Gespräch eine willkommene Herausforderung.

Ich könnte ihm darlegen, dass psychisch bei mir alles in Ordnung ist und meine Krankengeschichte rein medizinische Gründe hat. Wenn ich ehrlich zu mir wäre, wüsste ich: Eigentlich will ich nur wissen, wie er mich sieht. Was sagt er zu meinen Problemen? Das geplante Wettkämpfchen ist nur ein Szenario, dass ich aufgebaut habe, um vor mir selber nicht das Gesicht zu verlieren.

Ich vereinbare einen Termin mit dem Psychologen. Bereits am nächsten Nachmittag sitze ich in seinem Büro. Bücherregale und gemalte Bilder von Kinderhand schmücken den Raum gleichermaßen. Herr Psychologe sitzt hinter seinem Schreibtisch und begrüßt mich freundlich.

„Das war interessant, was Sie da in der Runde sagten", mit diesem Gesprächsbeginn will ich das Ruder im Gespräch übernehmen. Die aktive Rolle einnehmen.

„Nun", antwortet er, „es scheint Sie berührt zu haben."

Mist, was soll das? Er hat den Ball zurückgespielt. Ich muss das Gespräch schnell wieder in die Hand nehmen. Der Mann ist gut. Aber ich bin zu langsam.

„Was tun Sie in Ihrer Freizeit?", fragt er mich.

„Ich? Hm, Eishockey."

„Ah, Sie spielen Eishockey."

„Nein, ich nicht. Mein Sohn spielt."

„Ach so. Also was tun Sie in Ihrer Freizeit?"

„Na, sagte ich doch. Eishockey. Ich bin Mannschaftsführer in der Mannschaft meines Sohnes und mach noch ein bisschen die Pressearbeit für den Verein nebenher."

Der Psychologe fixiert mich mit angestrengter Miene: „Nochmal, Herr Gaw, meine Frage: Was tun Sie für sich in Ihrer Freizeit?" Energisch betont er dabei das „Sie" und das „sich" und das „Ihrer". Das gefällt mir nicht.

„Natürlich verstehe ich Ihre Frage, und ich sagte bereits, dass ich im Eishockey tätig bin."

Der Psychologe schaut in die Luft, als suche er dort oben in der Decke einen Notausgang. „Herr Gaw, Sie sind Mannschaftsführer für das Team Ihres Sohnes. Sie kümmern sich um Ihren Sohn und Sie machen in Ihrer Freizeit die Pressearbeit für den Verein. Ich kann da absolut nichts entdecken, was Sie da für sich tun. Wenn Sie selbst Eishockey spielen würden, wäre das was anderes. Natürlich lieben Sie Ihren Sohn und sind gerne mit ihm zusammen. Für sich selbst allerdings tun Sie rein gar nichts. Nichts, niente, nada."

Ich überlege: vielleicht Motorradfahren? Ja, im Sommer tu ich das oft. So richtig befriedigt mich meine Antwort selbst nicht. Ich fahre meine Gehirnwindungen ab und suche weiter … vergebens. Da ist nichts. Ich suche nach Ausflüchten, einer inneren Türe nach draußen. Aber ich kann sie nicht finden.

„Ich habe nichts getan. Geschlafen. War immer müde." Zwischen den Buchregalen und Akten entfaltet sich eine seltsame Stille.

„Sehen Sie, Herr Gaw … das ist genau der Punkt. Da ist eine Falle, in die viele hineinlaufen. Wir bekommen Kinder und dann kümmern wir uns um sie. Natürlich tun wir das. Wir lieben sie und es ist unsere ureigenste Aufgabe dies zu tun. Aber", er beugt sich in meine Richtung, „wir vergessen dabei oft uns selbst. Und das ist gar nicht gut. Das ist auch für unsere Kinder nicht gut. Kinder lernen durch Abschauen, Zusehen und Nachmachen. Was sollen sie uns denn abschauen, wenn wir uns vierundzwanzig Stunden nur um sie kümmern und nicht mal eine Stunde um uns selbst?"

Die Runde geht eindeutig an ihn. Ich versuche weiterhin Entschuldigungen zu finden, was mir aber nicht gelingt. Er hat Recht, denke ich, während er redet.

„Hatten Sie früher Hobbys?"

„Ja, Malen, Fotografieren, Sport und Schreiben."

„Was für Sport?"

„Baseball."

„Baseball? Das ist aber nicht üblich hier in Deutschland, oder? Bei uns in den Staaten natürlich schon. Machen Sie wieder Sport. Sport hilft ungemein für unseren Geist und unsere Gesundheit. Fangen Sie wieder das Fotografieren an und das Schreiben. Dabei kann man so viel von sich einbringen und auch verarbeiten." Gar so, als wolle er mir Zeit geben, das Gespräch zu verarbeiten, steht er plötzlich auf und reicht mir seine Hand zum Abschied.

Mit einem ehrlichen „Danke" verabschiede ich mich und mache mich auf den Rückweg zu meinem Zimmer. Ich gehe anders … aufrechter, größer. Irgendwie fiel soeben eine Last von mir. Ja, ich muss mir mehr Zeit nehmen – für mich.

Wie ich so in Gedanken versunken über den Flur schlendere, fällt mir das Schwarze Brett an der Wand mit Ankündigungen auf. „Bastelabend" steht auf einem der Zettel. Hier in der Klinik kann man Töpfern, Leder verarbeiten und weitere Sachen unter Anleitung machen. Spontan entschließe ich mich für die Lederverarbeitung. Ich mag Leder, und Punzieren wollte ich schon immer mal probieren.

Zufälligerweise geht die Bastelstunde gleich nach dem Abendessen los. Ich will etwas machen – nur für mich.

82

Eine Punzierung ist eine Prägung in Metall oder Leder, das Motiv ist also in das Material versenkt als Negativ zu sehen. In der Regel versteht man darunter das Eintreiben von Mustern und Formen in das Material in Handarbeit. Wikipedia

Nach dem Abendessen suche ich den Werkraum auf. Es riecht nach Leim und Leder. Eine Dame empfängt mich freundlich, während ich von den anderen Anwesenden nur kurz gemustert werde. Alle sind mit irgendwelchen Arbeiten beschäftigt. Ich werde gefragt, was ich denn gerne tun möchte.

„Ich will einen braunen Ledergürtel mit Punzierungen machen."

„Das wird ein bisschen schwierig mit Ihrer Narbe auf der Brust."

„Ach was, ich pass schon auf."

Überredet. Die Dame gibt mir eine kurze Einweisung und dann bekomme ich das Lederteil ausgehändigt. Es wird an meinem Bauch Maß genommen und dann die Enden abgeschnitten und gestanzt. Schnalle noch dran und los geht's …

Es soll ein wilder Gürtel werden – ein Herzinfarktgürtel, erkläre ich der netten Dame. Sie zeigt mir, wie ich auf die Eisenstempel klopfen muss, damit das Muster in den Gürtel geprägt wird.

Gierig darauf, selbst etwas zu tun, suche ich mir Stempel mit verschiedensten Ornamenten aus, nehme den Hammer, hole aus und haue mit voller Wucht auf das erste Metallteil. Jäh fährt mir ein Schmerz in den Brustkorb. Ich hole tief Luft, lasse mir aber nichts anmerken. Auf dem Ledergürtel vor mir lugt mir nun ein Totenkopf entgegen.

Als echter Harley-Fahrer hatte ich früher viele T-Shirts mit Totenkopf, fast hätte ich mir sogar einen auf die Haut tätowieren lassen. Seit meinem Herzinfarkt habe ich aber mit denen nichts mehr am Hut. Ich bin fast gestorben, so ein Schädel ist kein Spiel mehr für mich. Meine Narbe ist mein Tattoo. Aber jetzt, wo ich den Gürtel verzieren will, muss das Totenkopf-Emblem mit drauf. Als das, was er auch ist. Ein Memento mori, eine Erinnerung an den Tod.

Um die folgenden Ornamente – Fische, Blumen und sonstige Muster – ins Leder zu stempeln, haue ich weniger stark zu, dafür öfter. Jeder Schlag meines Hammers erzeugt einen kleinen Schmerz in meiner Brust. Aber jeder Schlag gibt mir auch mehr Kraft und macht mich stark. Ich blicke nach oben, durch die Decke hindurch in den weit entfernten Himmel. Ein ehrliches „Danke“ verlässt meine Lippen.

„Wie bitte?“, erkundigt sich meine Werksmeisterin.

„Nichts, ich habe nur mit mir selbst gesprochen.“

Sie bewundert meinen Gürtel. Die Ornamente stehen zwar irgendwie alle krumm und schief, unterschiedlich tief sind sie eingeprägt. Aber sie findet ihn gut. Auch ich bin zufrieden mit meinem Tagwerk. Ich habe etwas geschaffen. Ganz allein für mich. Stolz erfüllt mich.

Nachtrag: Den Gürtel habe ich heute noch manchmal an. Er sieht total bescheuert aus. Kraftlos gepunzt, merkwürdige Wahl der Symbole. Aber er bedeutet mir sehr viel. Ich würde mich nie im Leben von ihm trennen.

83

Drin ist, was draufsteht.

August, Ende der zweiten Reha-Woche

Die Tage laufen alle wie nach einem Ritual ab: 6 Uhr aufstehen, wiegen, frühstücken, Blutdruckmessen, danach OP-Gymnastik. Dann irgendwelche Massagen, Kneipp-Bäder und immer wieder Ergometer-Training. Dazwischen interessante Schulungen, Filme, Vorträge. Langweilig wird mir nicht. Inzwischen bin ich auch etwas besser zu Fuß unterwegs und habe wieder angefangen zu lesen. Ich habe mich in meinem neuen Leben eingerichtet.

Auf *einen* Termin freue ich mich ganz besonders: Ernährungsschulung vor Ort im Supermarkt. Mit einem VW-Bus geht es hinunter in die Stadt. Auf dem großen Parkplatz eines Einkaufszentrums parken wir. Im Gänsemarsch betritt unsere Gruppe, angeführt von Frau Ernährungsberaterin, den riesigen Laden.

Seit Wochen ist dies mein erster richtiger Kontakt zur Außenwelt. Unfassbar viele Eindrücke prasseln auf mich ein: Menschen, Menschen und noch mehr Menschen. Alle sind mit irgendwas beschäftigt und so ernst und wichtig bei der Sache. Die Leute reden wild durcheinander, Kassen piepsen und neben mir schreit ein Kind. Mein Kopf wendet sich hin und her, auf der vergeblichen Suche nach etwas Ruhe für meine Ohren. Diese knalligen Farben! Mir ist früher nie aufgefallen, wie bunt so ein Supermarkt ist. Und wie es hier stinkt! Eine Mischung aus Katzenstreu, Rinderhack und billigem

Parfüm dringt mir durch die Nase direkt in den Magen und versucht, dort alles umzudrehen.

Ich atme tief durch und folge meiner Gruppe durch die Gänge. Angestrengt versuche ich, mich auf den Vortrag zu konzentrieren. Ich lerne, dass fast überall Zucker enthalten ist. Wir schauen uns ein paar Verpackungen genauer an und unsere Moderatorin erklärt uns, was die Inhaltsangaben im Einzelnen bedeuten. Sie gibt uns gute Tipps, worauf wir künftig beim Einkauf achten müssen, damit wir uns gesund ernähren können. Gar nicht so leicht, denn mir wird eines bewusst: Irgendwie ist überall Müll drin.

Jetzt wendet sich die Ernährungsberaterin den schlechten Fetten zu, also den gesättigten und den Transfetten. Sie sind in vielen Lebensmitteln, wie Tiefkühlpizza, Pommes, Chips, Popcorn, Margarine und Nachtischen enthalten. Transfette gelten als gesundheitsgefährdend und sind Verursacher von Herzkrankheiten. In den USA müssen Transfette seit 2006 auf Lebensmitteln deklariert werden. Nun sollen sie dort sogar ganz verboten werden. Und in Deutschland? Fehlanzeige. Hier müssen Transfette nur auf Diätprodukten ausgewiesen werden. Deutschland und seine Currywurst eben …

Die meisten von uns essen sowieso viel zu fettreich. Unsere Ernährungsberaterin erklärt uns, dass eine Wurst aus bis zu fünfundzwanzig Prozent Fett besteht.

„Wenn Sie gerne Wurst essen, dann bitte Schinken. Da sehen Sie das Fett und können es wegschneiden. Bei einer Salami geht das nicht." Sie lacht und wendet sich witzelnd einem kleinen älteren Herrn in unserer Gruppe zu: „Ist natürlich schon so, dass 'ne ordentliche Wurst auch schmeckt, nicht wahr?"

„Nein", meint der Mann und lächelt.

„Nein? Essen Sie nicht gerne Wurst?"

„Oh, nein."

„Hat das einen bestimmten Grund?", will sie wissen. Es gibt viele Vegetarier mittlerweile, aber bei einem Vertreter der älteren Generation ist das eher ungewöhnlich.

„Ja, hat es … ich bin gelernter Metzger."

Uns allen fallen die Kinnladen herunter. Die Ernährungsberaterin staunt am meisten über diese Antwort: „Aber als Metzger muss man so was doch mögen?“

„Nein, gerade *weil* ich Metzger bin und weiß, was da drin ist, esse ich das nicht.“

Rumms. Diese Aussage hat besser gesessen als sämtliche Schulungen dieser Welt. Eigentlich ist es dieser Satz, der mein Ernährungsverhalten völlig umkrempelt. Wurst, Wiener, Bockwurst, Leberkäse sind von meiner Speisekarte gestrichen. Ab sofort und ohne Ausnahme.

84

Das Leben ist wie eine Schachtel Pralinen. Man weiß nie, was man bekommt. Forrest Gump

Ende August

Die Zeit in der Klinik schreitet immer schneller voran. Es scheint mir gar so, als könne ich es mittlerweile mit der rasend schnellen Zeit da draußen aufnehmen. Nun ist bereits meine letzte Woche in der Reha angebrochen. Einen Monat bin ich schon von zuhause fort.

In dieser Woche habe ich Petr kennengelernt. Petr ist aus Polen, spricht gutes Deutsch und ist ein lustiger und lebensbejahender Vogel. Natürlich haben wir uns schon vorher immer mal wieder in den Gymnastikstunden getroffen. Schnell haben wir herausbekommen, dass wir uns gut verstehen.

Petr hat eine Herzklappe bekommen, eine biologische, keine künstliche. „Die ist aus Schwein!“, erklärt er mir stolz.

„Wie, aus Schwein?“, will ich wissen.

„Herzklappe von Schwein – kommt der menschlichen am nächsten. Und du? Hast große Narbe.“

„Naja, Herzinfarkt und Herz-OP. Ich habe aber nichts vom Schwein, sondern Draht."

„Draht?"

„Ja, Titan-Draht. Hier im Brustkorb."

Ich lasse ihn den kleinen Knubbel fühlen, dort, wo wohl der Draht zusammengezwirbelt ist. Erschrocken zieht er seine Hand zurück: „Du meine Güte. Titan-Draht. Wenn du tot bist, entsorgen sie dich beim Schrotthändler. So wertvoll bist du!"

Unglaublich, wie herzhaft der Mann lachen kann. Auch ich lache, bis mein Brustkorb schmerzt. Diesmal sind es aber schöne Schmerzen, es tut gut, so befreit zu lachen.

Beim Mittagessen macht Petr mir einen Vorschlag: „Was hältst du davon, wenn wir heute Abend in die Stadt runterlaufen – nach Bad Wörishofen rein?"

„Du weißt doch, dass ich noch nicht so gut zu Fuß bin, Petr."

„Ach was! Du hast nur Angst. Wir werden ganz langsam gehen und viele Pausen machen."

Ich überlege kurz und denke mir dann: Warum eigentlich nicht? Ich denke an die Worte des Chefarztes bei einem Schulungstermin vor ein paar Tagen: „Trinken Sie ruhig abends mal ein Glas Rotwein. Das ist gut für's Herz!"

„Okay, wir machen das. Aber langsam! Versprochen?"

„Versprochen! So gefällst du mir!"

„Heute Abend nach dem Abendessen?"

„Okay, Petr, heute Abend nach dem Abendessen!"

Ich freue mich riesig. Einfach mal was trinken gehen – noch ein Stück Normalität. Ich kann es kaum erwarten, so gespannt bin ich. An diesem schönen, lauen Sommerabend machen wir uns auf den drei oder vier Kilometer langen Weg. Wie versprochen halten wir an fast jeder Parkbank an und machen eine kurze Rast.

„Da bekomm ich ja schon wieder Hunger bei der Wanderung."

„Ehrlich? Dann habe ich genau das Richtige." Er kramt in seiner kleinen Umhängetasche und holt zwei Äpfel hervor. „Habe ich für uns eingepackt!"

Der Mann denkt an alles. Genüsslich beiße ich in den Apfel und mit halbvollem Mund erzähle ich ein bisschen von mir. Dann gehen wir weiter. Petr erzählt von seiner Familie und seinen Kindern. Er hat ein großes Herz und eine große Familie. Auf seinem Handy zeigt er mir mehrere Fotos.

„Irgendwie scheinen bei euch alle lustig zu sein, nicht wahr?"

„Oh ja, das sind wir alle. Oliver, ist das Leben nicht schön? Ist das Leben allein nicht Grund genug, lustig zu sein und sich über Kleinigkeiten zu freuen?"

„Ja, du hast vollkommen Recht. Manch einer vergisst das leider."

„Du aber nicht, oder? Du bist doch auch ein positiver Mensch … zumindest schätze ich dich so ein."

„Ja, das stimmt … ich liebe das Leben."

„Na, siehst du! Und nun gehen wir einen Wein trinken!", lacht Petr und weiß natürlich sofort ein nettes Lokal. Wie zwei gute alte Freunde, die sich lange Zeit nicht gesehen haben, erzählen wir unsere Geschichten. Der Abend vergeht schnell und das Glas Wein macht mich enorm müde.

„Petr, wie lange bist du noch in der Klinik?"

„Heute war mein letzter Tag. Morgen reise ich ab."

„Schade, dass wir uns nicht früher getroffen haben", bedaure ich, „der Abend war echt klasse."

„Ja, stimmt. Aber du wirst noch viele tolle Abende haben. du lebst!"

Wie recht er hat! Schließlich hat mein Leben eben erst begonnen.

Zu Fuß schaffen wir es nicht mehr zurück in die Klinik, das trau ich mir dann doch nicht zu. Ich rufe meine Frau an. Ich rechne es ihr hoch an, dass sie ohne viel zu fragen ein paar Minuten später vor dem Lokal hält. Mit ihrer Hilfe landen wir sicher in der Klinik.

Am nächsten Tag verabschiedet eine kleine Delegation Herzkranker den Abreisenden. Petr ist gerührt und hat Tränen in den Augen. Aber er ist nun bald bei seiner Familie. Ich rufe ihm noch hinterher: „Pass auf dich auf! Du hast echt Schwein gehabt!" Wieder brechen wir in Gelächter aus, während Petr winkend und lachend im Taxi verschwindet.

85

Von nun an wird jeder Tag ein Geschenk für mich
und jeder Geburtstag ein Dankeschön dafür sein.

Montag, 5. September

Viele Jahre lang habe ich meine Geburtstage nicht besonders gefeiert. Das ist heute anders. Heute ist mein 47. Geburtstag. Dieser Tag bedeutet mir besonders viel. Denn jeder meiner kommenden Geburtstage wird ab dem heutigen nicht mehr nur ein Fest mit Geschenken sein, nein, der Tag selbst ist das Geschenk.

Gerade rechtzeitig zu meinem Geburtstag bin ich endlich am Ende meines langen Genesungsweges angekommen. Es war ein Weg, der mich mehr als einen Monat lang über eine Achterbahn der Gefühle und der Schmerzen geführt hat. Heute ist mein vorletzter Tag in der Reha, morgen beginnt mein neues Leben. Ich werde heute Abend feiern. Und morgen darf ich nach Hause – für immer.

Als ich zwischen Krankenhaus und Reha das Wochenende daheim war, hatte ich die Zeit eigentlich nur verschlafen. Es war ein kurzer Boxenstopp gewesen, um Kraft zu tanken. Wenn ich jetzt nach Hause komme, wird es anders sein. Ich werde endlich mein eigenes Leben zurückhaben. Dauernd von kranken Leuten umgeben zu sein – das hat nun ein Ende.

Meine Familie. Mein Hund. Mein Bett. Meine Couch. Mein Kopfkissen. Mein Garten.

In den letzten Tagen habe ich all die Menschen angerufen, die mir in der schweren Zeit beigestanden haben, meine Familie und mich unterstützten und mit mir litten. Zugegeben, es waren nicht viele, aber es waren die wichtigsten. Sie alle lade ich zu meinem Fest in ein kleines Bistro in unserem Städtchen ein. Ob sie wohl alle kommen werden?

Ich dusche in aller Ruhe, rasiere mich gründlich, klatsche mir Rasierwasser an den Hals und sprühe mich mit Parfüm ein. Ich rieche wahrscheinlich zehn Meilen gegen den Wind, aber die Prozedur hat etwas so schön Alltägliches an sich. Dann greife ich in den Schrank und hole eine Jeans heraus. Darüber ziehe ich ein weißes Hemd. Die obersten drei Knöpfe lasse ich offen. Dann betrachte ich mit einer gewissen Zufriedenheit mein Spiegelbild. Ich entdecke dort keine Fratze mehr, kein ausgemergeltes Gesicht, keine Blässe. Mein zweites Ich im Spiegel hat eine gesunde Gesichtsfarbe, steht aufrecht da, hat einen klaren Blick und – riecht wie eine Parfümerie.

Der Inhaber des Bistros begrüßt mich überschwänglich, so dass ich ihn aus Angst um meinen Brustkorb bremsen muss. Dann geht es auch schon Schlag auf Schlag: Meine Gäste tauchen einer nach dem anderen an diesem wunderschönen Sommerabend auf. Alle kommen sie … meine Familie, meine Nachbarn und Freunde. Es ist ein toller Abend. Ein richtiges Fest.

Ich bin wieder unter Menschen, ich bin wieder im Leben, ich bin wieder ich.

86

Jeder Abschied ist ein neuer Anfang.

Dienstag, 6. September, vormittags

Zum letzten Mal sitze ich beim Frühstück in diesem Speisesaal. Zum letzten Mal als einer unter vielen und doch irgendwie anders: Nach dem letzten Schluck Kaffee werde ich aufstehen und weggehen. Petr ist schon abgereist und die Frau mit dem künstlichen Herzen kann ich nirgends entdecken. Langsam blicke ich um mich und sehe viele neue Gesichter. Wortlos verlasse ich den Saal, als ginge mich das alles nichts mehr an. Tut es auch nicht.

Wehmut schwingt mit, als ich meine Sachen packe. Mein Zimmer ist vollgestellt mit Blumensträußen, die mir meine Besucher mitgebracht haben. So viele Menschen, die bei mir waren – Kollegen aus meiner Firma, Freunde, Nachbarn und sogar Kunden. Wenn ich mir das vorstelle! Normalerweise besuche ich meine Kunden. Und nun besuchten sie mich … toll!

Wenn mein Zimmertelefon vormittags klingelte, wusste ich schon, dass es der Herr vom Empfang war, der mich informierte, dass ein neuer Strauß Blumen eingetroffen war. Freudig schlurfte ich dann runter zum Empfang und war gespannt, wer an mich gedacht hatte.

Der Herr hinter der Theke meinte einmal zu mir: „Sind Sie eigentlich berühmt?"

„Um Gottes willen, nein! Warum fragen Sie?"

„Nun, ich hatte hier noch nie so viele Blumen wie für Sie."

Meine Taschen sind gepackt, ich gehe zum letzten Mal den Weg zum Stationszimmer, wo der Chefarzt schon wartet. Ich mag ihn und ich vertraue ihm. Mit seiner Unterstützung habe ich hier in der Reha Riesenfortschritte gemacht. Der Professor lächelt mich an: „Nun haben Sie es geschafft. Freuen Sie sich?"

„Na klar, und wie!"

„Sie haben sich in den drei Wochen ordentlich gesteigert. Ihre Blutwerte haben wir im Griff. Nehmen Sie bitte weiterhin Ihre Tabletten wie auf dem Zettel angegeben."

„Das werde ich. Versprochen!"

„Nun kommt die Zeit, wo Sie auf sich alleine gestellt sind. Arbeiten Sie weiter an sich. Sie sind noch jung, das ist ein großer Vorteil. Berücksichtigen Sie all das, was wir Ihnen hier beigebracht haben. Geben Sie das nicht auf, bitte! Wir haben genügend Fälle, die sofort wieder in alte Muster zurückfallen, sobald sie zuhause sind."

„Oh, das habe ich nicht vor. Ich werde die gleichen Fehler nicht nochmal machen. Behandeln Sie eigentlich neben der Reha auch ambulante Patienten?"

„Ja, das tue ich. Sie sollten in einem halben Jahr zur Nachuntersuchung. Wenn Sie möchten, vereinbaren Sie hier einen Termin. Ich schlage Ihnen auch vor, dass Sie sich noch in eine ambulante

Physiotherapie begeben. Dort werden Sie weiter trainiert. Das wäre gut für Ihren Körper."

„Ja, habe ich mir auch schon überlegt. Ich weiß aber nicht, wo. Haben Sie da einen Tipp?"

„Da kann ich Ihnen Manni empfehlen. Der beste Sport- und Bewegungstherapeut, den ich kenne. Ich selbst bin dort im Training."

Er notiert mir Telefonnummer und Adresse, dann reicht er mir die Hand: „Machen Sie's gut. Patienten wie Sie haben wir gerne. Ich freue mich, wenn Sie dranbleiben und richtig gesund werden. Und glauben Sie mir – Manni schafft das mit Ihnen!"

87

„Oliver, was du dir immer für's Leben merken musst:
Geh nie im Streit auseinander! Sag immer Tschüss
und lächle dabei!"
„Weshalb, Oma?"
„Weil man nie wissen kann, ob man wieder
zurückkommt."

Dienstag, 6. September, mittags

Draußen vor der Klinik wartet meine Frau, um mich abzuholen. Endlich geht es heim. Am 28. Juli verließ ich mein Zuhause und fuhr mit meinem Auto zur Arbeit. Meine Familie hatte ich mit den Worten verabschiedet: „Wir sehen uns heute Abend!"

Zum Abendessen wollte ich wieder zurück sein. Sechs Wochen sind seit diesem Tag vergangen. Sechs Wochen. Ich war sechs Wochen weg.

Einfach so.

Ein kleiner Zeitsprung: Jetzt, wo ich hier am Schreibtisch sitze und an diesem Teil des Buches schreibe, merke ich plötzlich, wie mich meine Gefühle überwältigen. Es ist nicht das erste Mal, seitdem ich mit dem Schreiben angefangen habe. Als ich die passenden Worte suchte, um meinen Herzinfarkt zu beschreiben, als ich von Jesus an seinem Kreuz berichtete, der mich gerettet hatte, oder auch als ich von den ersten Tagen nach der Herz-OP berichtete – immer ging es mir nahe. So nahe, dass ich manchmal mühsam um Fassung ringen musste. Die Farben der Erinnerungen sind so stark wie am ersten Tag, sie sind nicht verblasst.

Aber warum packt es mich so, wenn ich davon erzähle, wie alles schon irgendwie gut geworden ist und fast all die schlimmen Dinge überstanden waren? Ich muss lange überlegen, bis ich darauf komme: Mich erinnert dieser Rückblick daran, wie fragil mein Leben ist.

Wir denken, wir hätten alles in der Hand, könnten Pläne für die Zukunft machen. Und dann passiert etwas, das dir beweist, dass noch nicht einmal die allernächsten Stunden absehbar sind. Viele Menschen gehen morgens aus dem Haus – und kommen abends nicht wieder. Ich habe das Glück gehabt, wiederkommen zu dürfen, wenn auch erst sechs Wochen später. Zurück bleibt das Wissen, jederzeit aus dem Leben rausgeworfen werden zu können. Ich glaube nicht, dass es ein Herzinfarkt sein wird. Vielleicht ein dummer Autounfall, vielleicht eine andere Krankheit …

Unser Leben liegt nicht in unserer Hand. Sondern in der Hand von jemand anderem. Einem, der mich schon einmal gerettet hat, damals am Schöffeldinger Bushäuschen.

88

Meine Jahre vergehen nicht mehr so schnell. Sie sind intensiver geworden, so wie jede einzelne Minute darin.

Drei Jahre später

Ich stehe am Bahngleis in Kassel-Wilhelmshöhe und warte auf den Zug, der mich nach Hause bringt. Ich bin auf dem Rückweg von unserer Firmen-Weihnachtsfeier. Es war ein schöner Abend mit all den Kolleginnen und Kollegen, die mir während meiner schweren Zeit nicht nur mit einem Blumenstrauß, sondern auch mit Mut machenden Worten und Briefen geholfen haben.

Über die Lautsprecher des Bahnsteigs teilt eine Frauenstimme vom Band emotionslos mit, dass sich mein Zug um fünf Minuten verspätet. Kurze Zeit später werden aus den fünf Minuten zehn Minuten. Mir ist es egal. Ich habe es mir so weit wie möglich abgewöhnt, mich stressen zu lassen. Außerdem muss ich keinen Anschluss erreichen, der Zug bringt mich direkt nach Augsburg. Eine Viertelstunde später fährt der Zug ein.

An meinem reservierten Platz ist es mir zu laut, ich suche mir einen ruhigeren Platz. Im Ruhebereich direkt hinter dem Führerstand werde ich fündig. Im Abteil sitzt nur eine ältere Dame. Auffallend hager ist sie, mit einer porzellanfarbenen Haut, die sich fein über ihre zierlichen Knochen spannt. Ihr Haar ist schneeweiß.

Als ich in das Abteil gehe, mit grauem Parka, Fell an der Kapuze, schwarze Wollmütze auf dem Kopf, dreht sich die Dame zu mir und spricht mich ein wenig unsicher an: „Entschuldigen Sie … sind Sie von der Bahn?“

Ich schmunzle: „Nein, bin ich nicht. Aber vielleicht kann ich Ihnen trotzdem helfen.“

„Vielleicht können Sie das. Ich möchte nämlich die Rückenlehne ein wenig nach hinten kippen. Ich bin nicht mehr die Jüngste und möchte ein bisschen ruhen."

„Da ist ein Griff, an dem müssen Sie ziehen." Ich beuge mich über sie, greife den blauen Hebel an ihrer Seite und ziehe vorsichtig daran. Sanft gleitet die alte Dame in eine leichte Schräglage. Unsere Gesichter sind einander sehr nahe. Sie lächelt mich an und ihre faltigen Lippen geben strahlend weiße Zähne frei. In ihren Augen erkenne ich ein schelmisches Funkeln. „Danke, so ist es gut."

„Gern geschehen", erwidere ich, ebenfalls mit einem Lächeln.

Ich stelle meinen Koffer ab und ziehe meinen Parka aus, dann mache auch ich es mir gemütlich. Draußen ist es inzwischen dunkel geworden und unser Zug gleitet mit einem angenehmen Summen durch die Nacht.

Die alte Dame und ich kommen ins Gespräch. Eigentlich wollte ich noch am Laptop arbeiten, aber das hat Zeit. Früher hätte ich das mit der Arbeit durchgezogen, mit der Dame hätte ich keine zwei Sätze gewechselt. Heute aber weiß ich es zu schätzen, mit einem netten Menschen Zeit zu verbringen. Wir beide genießen es, uns plaudernd die Zeit zu vertreiben. Die alte Dame ist wissbegierig und alles andere als verkalkt.

Irgendwann packe ich meinen Apfel aus und beiße genüsslich hinein. Als ich den Rest in den kleinen Abfalleimer werfen will, bemerke ich, dass sich auf ihrem Klapptischchen ebenfalls Müll angesammelt hat.

„Soll ich Ihren Abfall auch wegwerfen? Dann haben Sie wieder Platz." Wenn man Menschen ins Staunen versetzen möchte, muss man nur freundlich sein …

„Sehr gerne!", antwortet die Dame überrascht und mit einem Lächeln im Gesicht.

Ich packe ihren Plastikkaffeebecher, die Bananenschale und das Müslipapier zusammen und entsorgte das Zeugs ebenfalls in dem kleinen Mülleimer.

„Sie sind wirklich nicht von der Bahn?"

Ich lache: „Nein, bin ich wirklich nicht.“

Ich freue mich über jeden Tag, den ich am Leben bin. Den Spruch „Jeder Tag ist ein Geschenk“ finde ich nicht kitschig. Ich lebe danach und versuche, jedem von ihnen einen würdigen Rahmen zu geben. Meine Tage sind geliehen und ich versuche deshalb, sorgsam mit der Zeit umzugehen. Ich glaube, die alte Dame und ich sind uns da einig.

89

Wenn man von ganz unten kommt, sind die Erfolge groß.

Die alte Dame ist ein wenig eingenickt. Auch ich werde müde und schließe die Augen. Meine Gedanken wandern zu den vergangenen Jahren, zu der Zeit, als ich die Reha in Bad Wörishofen verlassen hatte.

So sehr ich nach der Reha auch den Wunsch verspürte, wieder zu arbeiten, war mir doch klar, dass ich noch viel zu schwach war. Die Reha hatte mir geholfen, aber letztendlich war es doch nur ein Schubs in die richtige Richtung gewesen. Ich musste weiter aktiv etwas für meine Gesundheit tun. Das war mir von Anfang an klar. Ich hatte diese eine Chance bekommen und die musste ich nutzen.

Als ich wieder zuhause war, vereinbarte ich gleich einen Termin bei Manni – so wie es mir mein Arzt in der Rehaklinik empfohlen hatte. In Jogginghose und T-Shirt betrat ich den großen Raum der Physiopraxis und wurde sofort von einem jungen Mann in grellgrünem Poloshirt und mit sportlicher Figur entdeckt. Lächelnd kam er auf mich zu: „Du musst Oliver sein!“

„Ja, bin ich.“

„Ich bin Manni. Der Prof hat mir von dir erzählt. Lass uns das mal in Ruhe besprechen …“ Ich folgte ihm in sein Büro. Ich erzählte ihm von den beiden Infarkten und zeigte ihm meine Narbe. Er schwieg.

Die Ruhe breitete sich im Raum aus. Erst dachte ich, er sei überfordert und hätte keine Ahnung, wie er mir helfen könne. Dabei nutzte er die Ruhe nur, um Platz für seine Worte an mich zu schaffen.

„Also, Oliver, pass auf… Eine solche Krankengeschichte wie deine haben wir hier nicht alle Tage, eher orthopädische Fälle. Du hast eine schwere OP hinter dir. Dein Brustkorb wurde aufgesägt und wir müssen mit ganz viel Bedacht an die Sache gehen. Drei Monate darfst du ihn nicht belasten. Aber wir können trotzdem schon mal mit bestimmten Übungen anfangen."

Manni lehnte sich zurück und schaute mich forschend an. Dann fuhr er fort: „Der Prof hat mir erzählt, dass du einer bist, der bereit und fähig ist, viel Mühe auf sich zu nehmen, um wieder richtig gesund zu werden. Ich werde mich persönlich um dich kümmern. Wir werden dich hier langsam aufbauen und du wirst richtig fit werden. Nicht nur fit, sondern richtig, richtig fit! Und du wirst wieder groß sein, größer als je zuvor! Das verspreche ich dir! Das ist mir ein persönliches Anliegen und mein persönlicher Ehrgeiz."

„Größer als je zuvor"… seine Worte trafen bei mir voll ins Ziel. All meine Fehler der Vergangenheit wollte ich wieder gutmachen. Ich wollte nicht nur wieder so werden, wie ich vor dem Herzinfarkt gewesen war. Ich wollte besser werden. Den Wink mit dem Zaunpfahl hatte ich verstanden. Ich musste meine Chance nutzen und ein anderer Mensch werden.

90

Groß ist, wer das Furchtbare überwindet. Friedrich Schiller

Ende September, drei Tage nach der ersten Besprechung mit Manni, ging es los. Draußen herrschte schönstes Spätsommerwetter, als ich blass und gebeugt den Trainingsraum betrat. Manni kam auf mich zu: „Dann packen wir's, oder?"

Jawoll, wir packten es. Wir trainierten langsam, vorsichtig und mit Bedacht. Bei allen Bewegungen vermieden wir, dass ich meinen Brustkorb übermäßig belastete oder dass mein Puls zu schnell stieg. Meine Leistungsfähigkeit hielt sich zu Beginn stark in Grenzen. In den ersten Einheiten musste ich die Übungen oft wegen Erschöpfung abbrechen.

Doch mit der Zeit baute mein Körper wieder Muskeln auf. Meine gebeugte Haltung verschwand allmählich und aus meinem schleichenden Gang wurden richtige Schritte. Ich arbeitete hart an mir und war stolz auf den sicht- und spürbaren Erfolg.

Der Chefarzt hatte mir in der Reha-Klinik noch gesagt, dass die meisten Herzpatienten mit den Übungen aufhören, sobald sie die Reha-Klinik verlassen. Es sind auch meistens ältere Menschen, die sich körperlich nicht mehr viel zutrauen. Sie wollen zu Hause sein. Manchmal gehen sie zur Herzsportgruppe. Dort machen sie einmal pro Woche leichte Übungen unter der Aufsicht eines Arztes. Wenigstens dieses Angebot ihrer Krankenkassen sollten Herzpatienten annehmen. Aber es ist noch mehr möglich. Man kann in jedem Alter mit Sport anfangen.

„Größer als je zuvor", hatte Manni gesagt. Seine Voraussage erfüllte sich: Ich wurde fitter als je zuvor. Ich ahnte nicht, dass er das nicht nur im übertragenen Sinne gemeint hatte – aber ich wurde tatsächlich auch körperlich größer. Ich war 187 Zentimeter groß und seit ich ausgewachsen war, hatte sich daran nie etwas geändert. Eher schien ich anfangs durch meinen gebeugten Gang etwas kleiner geworden zu sein. Monate später, nach vielen Trainingseinheiten und großen Mühen, wurde meine Körpergröße mit 188,5 cm gemessen.

91

Manni ist mein einer Therapeut, Spike der andere.

Natürlich war ich auch mehrmals täglich mit meinem Hund Spike unterwegs. In der Nähe meines Hauses gibt es eine Anhöhe, Römerschanze genannt. Dort oben gibt es eine Holzbank, von der man einen herrlichen Ausblick hat auf das Unterallgäu, die Stadt, in der ich wohne, und die Alpen am Horizont. Dort machten wir immer Pause, aßen eine Kleinigkeit und drehten dann wieder um. Als meine Kondition besser wurde, spazierten wir einen Schritt schneller und auch mal ein ganzes Stück weiter als nur bis zur Bank.

Heute laufe ich bis zu dieser Bank fünf Minuten. Damals, gleich nach der Reha, brauchte ich knapp eine halbe Stunde. Der Franzose und ich spazierten zu Beginn recht gemütlich und eben so weit, wie mich meine Kräfte trugen. Ich nahm Leckerlis für Spike und einen Apfel für mich mit, und natürlich ein Handy mit frisch geladenem Akku. Die Angst spazierte nämlich ebenfalls immer mit.

Meine Französische Bulldogge wusste instinktiv, dass ich nicht schnell gehen konnte. Also ging sie mit gedrosseltem Tempo neben mir her. Wie langweilig muss das für sie gewesen sein! Sie war es gewohnt, zu rennen. Trotzdem wich sie nicht von meiner Seite. Immer bewegte ich mich vorsichtig, setzte sorgfältig einen Fuß vor den anderen, auch wenn die ambulante Reha und die Spaziergänge meine Leistungsfähigkeit bereits enorm verbessert hatten.

Eines Tages lief Spike plötzlich vor mir auf eine Wiese. Mittendrin blieb er stehen und machte sich so breit und hoch, wie sich eben nur ein Bulldoggenrüde breit und hoch machen kann. Ich schaute ihn verdutzt an. Was hatte er vor? Spike bellte mit forderndem Unterton in meine Richtung. Er spürte, dass ich nicht verstand. Er bellte nochmals und rannte ein kleines Stück auf mich zu, schlug einen Haken und rannte zurück, um sich dann wieder dorthin zu setzen, von wo aus er mich wie zuvor anbellte.

Auf einmal kapierte ich, was der Hund von mir wollte: Vorsichtig setzte ich mich in Laufbewegung auf ihn zu, steigerte behutsam das Tempo und wurde dann immer schneller. Ich rannte! Rannte, wie ich seit Jahren nicht mehr gerannt war!

Spike bellte immer aufgeregter und rief mir zu: „Komm schon, alter Mann, du schaffst das! Lass uns wie früher rennen!“ Ich lachte vor Glück. Und ich rannte weiter, immer schneller. Der Franzose hüpfe außer sich vor Freude und rannte mit mir mit, mal vor mir, mal hinter mir. Er peitschte mich regelrecht an und wir beide sprinteten, was das Zeug hielt. Ich fühlte mich unendlich lebendig. Spike zog die Lefzen seitlich nach oben. Es sah aus wie ein Lachen.

Der Franzose und ich, wir verstanden uns gut. Und wir sollten in der Zukunft noch richtig zu einem Team zusammenwachsen.

An diesem Tag lernte ich von Spike, dass mich keine Angst und keine Bedenken mehr aufhalten. Und dass es darauf ankommt, einfach nur Spaß zu haben und die pure Freude am Leben zu spüren. Ich war hingefallen und wieder aufgestanden. Spike sorgte dafür, dass ich wieder ins Laufen kam.

92

Meine Gedanken jagten: „Bloß nichts anmerken lassen. Auf keinen Fall outen.“

Noch eine Stunde bis Augsburg. Die alte Dame schläft immer noch. Meine Gedanken spazieren weiter in der Vergangenheit herum.

Nur einmal noch holten mich die Nachwirkungen meiner Herz-OP brutal ein. Es war Mitte November 2011, also gute drei Monate nach meiner Operation; ich war zu einer Geburtstagsparty in Berlin eingeladen. Es war mein erster großer Ausflug seit meinem Herzinfarkt. Da ich mich noch nicht traute, mit dem Auto zu fahren, wählte ich den Zug.

Ich war schon etwas spät dran, als ich endlich mit dem Auto den Bahnhof erreichte. Um den Zug nicht zu verpassen, musste ich rennen. Ich rannte und wurde überhaupt nicht müde. Vor dem Herzinfarkt hätte ich den Zug nie erreicht, damals war ich viel zu schlapp. Jetzt aber konnte ich dank Manni einen ordentlichen Sprint hinlegen – ohne Stechen in der Brust, ohne Atemnot. Ich war stolz, wie fit ich wieder war. Ich fühlte mich großartig! Zufrieden mit mir selbst nahm ich meinen reservierten Sitz im Großraumabteil ein.

Irgendwann auf halber Strecke bekam ich Hunger. Ich machte mich auf den Weg in den Speisewagen. Dort kaufte ich mir ein belegtes Brötchen und biss genüsslich hinein. Gesättigt machte ich mich wieder auf den Weg zurück an meinen Platz. Ich ging durch die Reihen. Der Zug war nicht voll besetzt; die Reisenden lasen in einem Buch oder schauten einen Film auf ihrem Laptop. Eine Mutter spielte mit ihrem Kind ein Kartenspiel. Ich ging weiter. Und immer weiter.

Plötzlich erschrak ich. Statt in den nächsten Wagen überwechseln zu können, stand ich vor dem Führerhaus ganz am Ende des Zuges. Die Jalousie war heruntergezogen. Endstation! Und genau in diesem Moment setzte mein Gehirn aus. Völlige Leere machte sich in mir breit. Ich vergaß alles – meine Vergangenheit, Gegenwart und Zukunft waren wie ausgelöscht. Panisch schaute ich um mich. Was passierte da mit mir, um Gottes willen? Nie zuvor hatte ich so etwas erlebt. Ich hatte eine grauenhafte Angst.

Es war, als würdest du dich abends ganz normal schlafen legen und am nächsten Morgen an einem völlig unbekannten Ort aufwachen. Dein ganzes Wissen ist wie ausradiert. Du weißt noch nicht einmal mehr, wer du bist, was du hier tust, wohin du willst. Es ist die totale Verunsicherung.

Verzweifelt versuchte ich, ruhig zu bleiben; es gelang mir nur mäßig. Mein Gehirn schaltete auf Notstrom: Bloß nicht die Kontrolle verlieren, sonst lande ich wieder im Krankenhaus. Fieberhaft suchte ich nach einer Lösung für diese Situation. Da erblickte ich ein Stück Papier in der Brusttasche meines Hemdes. Eine Platzreservierung!

Es standen eine Wagen- und eine Sitzplatznummer drauf. Ich beschloss, diesen Platz in Wagen 22 aufzusuchen. Das war jetzt mein einziger Anker, der mich an diese Welt band. Mit einem Pokerface lief ich zurück durch den Zug, an all den Reisenden vorbei, die keine Ahnung hatten, dass da ein Zombie an ihnen vorbeiging.

Endlich stand ich vor dem Sitzplatz. Kein Wiedererkennen. Ich war immer noch völlig desorientiert. Wenn mich in diesem Augenblick jemand nach meinem Namen gefragt hätte, ich hätte ihn nicht nennen können.

Auf dem Sitz stand eine Flasche Mineralwasser und daneben lag eine schwarze Ledertasche. Sie kam mir bekannt vor. Mit verstohlenem Blick setzte ich mich und versuchte, dabei so natürlich wie irgend möglich zu wirken. Keiner der anderen Fahrgäste sollte etwas merken. Das schien mir im Moment fast noch wichtiger zu sein, als dass ich meine Identität wiederfand.

Ich öffnete vorsichtig die Tasche. Darin fand ich ein Notizbuch im A5-Format. Die Schrift … ich erkannte sie … es war meine Schrift. Wie ein alter Traktor, der angelassen wird, fing mein Gehirn wieder an zu arbeiten. Ab diesem Moment kehrte mein Gedächtnis zurück. Als würde mir jemand all mein Wissen, das mir für ein paar Minuten abhandengekommen war, mittels eines Trichters zurück in meinen Kopf einflößen. Zuerst tröpfchenweise, dann immer schneller. Eine nach der anderen kamen meine Erinnerungen wieder zurück. Wer ich bin, wo ich wohne, wo ich gewesen war.

Schließlich konnte ich den schrecklichen Vorfall auch nachvollziehen: Ich war vom Speisewagen aus in die falsche Richtung des Zuges gegangen. Als ich für einen Sekundenbruchteil nicht mehr wusste, wo ich war, reagierte mein Hirn panisch und schaltete ab. Jetzt fiel mir auch ein, dass mir ein Arzt mal gesagt hatte, dass eine Vollnarkose, wie ich sie über viele Stunden hatte, noch Monate später nachwirken kann.

Mir ist so etwas nicht wieder passiert – zum Glück. Es war eine erschreckende Erfahrung, völlig orientierungslos und ohne festen Anhaltspunkt zu sein. So müssen sich Demenzkranke fühlen. Mit dieser Kurzzeiterfahrung im Kopf weiß ich, dass dies im Endstadium eine ganz schreckliche Krankheit sein muss. Denn erst unsere Erinnerungen und unser Wissen machen uns zu dem, was wir sind. Wenn dies alles weg ist, ist uns das Wichtigste genommen.

93

Fließendes Wasser fault nicht, die Türangeln rosten nicht. Das kommt von der Bewegung. Lü Bu We

Meine Gedanken werden unterbrochen, als die Abteiltür sich schlagartig öffnet und ein ruppiger Bahnbediensteter unsere Fahrkarten kontrolliert. Ich blicke zu der alten Dame hinüber, die sichtlich „not amused" ist über diesen Schaffner. Mir hätte sie ihre Fahrkarte bestimmt lieber gezeigt. Schmunzelnd gebe ich mich wieder meinen Gedanken hin und lande wieder bei Manni.

Irgendwann fand die ambulante Reha ihr Ende. Ich fragte Manni, was ich weiterhin tun sollte. „Soll ich in so eine Herzsportgruppe gehen? Ist das was für mich?"

„Nein", gab er mir klar zu verstehen, „eine Herzsportgruppe ist nichts für dich, da bist du unterfordert. Du bist wieder richtig fit. Trainiere selbst, du hast kein Risiko, wenn du innerhalb deiner Leistungsgrenzen bleibst."

Seine Worte gingen mir runter wie Öl. Ich machte nicht den Fehler, mich auf meinen Lorbeeren auszuruhen. Ich besorgte mir ein Theraband und einen Stabi – einen Stabilisator. Das ist ein Metallstab mit Gummipfropfen an den beiden Enden. Den hält man vor seinen Körper und bringt ihn in Schwingungen, die auch noch die kleinsten Muskelgruppen trainieren.

Ein Ergometer, das ist nichts anderes als ein Hometrainer, musste ich mir nicht kaufen. Bereits vier Jahre vor meinem Herzinfarkt hatte ich mir so ein Teil zugelegt. Doch es teilte sein Schicksal mit Millionen anderer Fitnessgeräte (und Küchenmaschinen) in Deutschland. Ganze drei Wochen dauerte meine Euphorie an. Dann verstaubte das Ergometer. Selbst im Fitnessstudio, wo ich ein kurzes Intermezzo gab, machte ich einen großen Bogen um das Gerät.

Das Ergometer und mich verband zunächst eine Art Hassliebe. Bis ans Lebensende werde ich an ihn gekettet sein. Paradox, wenn man bedenkt, dass ich genau dieses Lebensende hinauszögere, je öfter ich mein Ergometer benutze. Denn so ein Hometrainer ist durch die gleichmäßige Belastung gut für das Herz. Eigentlich reicht eine halbe Stunde täglich, um das Herz zu stärken. Es macht mir aber Spaß, und so werden aus den dreißig Minuten oft sechzig. Dazu kommen noch etwas Gymnastik und Muskeltraining.

Ich weiß noch, wie ich ein paar Monate nach dem Herzinfarkt zum ersten Mal die Stundenmarke auf dem Rad knackte. Über eine Stunde bin ich auf dem Ergometer gefahren! Tränen rannen mir die Wangen hinunter, so glücklich war ich in diesem Moment.

Mein Hometrainer und ich … inzwischen sind wir so etwas wie Freunde. Trotzdem sehne ich das warme Wetter herbei. Denn dann geht es endlich wieder aufs richtige Fahrrad und raus in die Natur.

94

Weniger ist mehr.

Als der Zug in Würzburg hält, fällt mir ein, dass ich meine Abendtablette nehmen muss. Ich krame in meiner Aktentasche nach der grünen Tablettenbox. Pro Tag befinden sich nur drei Tabletten drin. Ja, genau: nur! Tausende dieser bunten Pillen schluckte ich seit meiner Herz-OP. Anfangs war ich noch bei elf Tabletten täglich. Nun sind es nur noch drei pro Tag: ein Cholesterinsenker, ein ACE-Hemmer für den Blutdruck und 100 mg Aspirin.

Seit ein paar Wochen muss ich keine Betablocker mehr nehmen. Betablocker sind unter anderem dazu da, einen weiteren Herzinfarkt zu vermeiden. Als Gegenspieler des Adrenalins halten sie den Blutdruck und die Ruheherzfrequenz niedrig. Viele Menschen, die einen Herzinfarkt hatten, müssen bis an ihr Lebensende Betablocker nehmen, damit ihr Herz möglichst wenig belastet ist.

Ich konnte das Medikament absetzen. Das habe ich meinem Sport zu verdanken. Für mich ist das ein großer Sieg.

Allerdings macht mir mein Cholesterin weiter Sorgen. Nur mit Mühe und stärkeren Tabletten lässt sich das Blutfett in Zaum halten. Meine bewusste Ernährung hat zwar viel Einfluss auf mein Wohlbefinden, das Cholesterin zeigt sich davon bei mir aber nicht beeindruckt. Es bleibt hoch, ich kann es selbst nicht steuern. Es bleibt ein Risikofaktor – eine bittere Pille für mich.

95

Ich werde meine Angst, meine Gefühle und mein Erlebtes in ein Buch packen ... für mich und für meine Leser!

Aus meinem Blog „Flatline“

Ich blicke durch das Zugfenster hinaus in die Dunkelheit, wo Lichter und Städte nur so vorbeifliegen. In der Scheibe spiegelt sich die alte Dame in der Sitzreihe neben mir. Ich überlege mir: Ob ich wohl auch so alt wie sie werde? Oder wird mein Herz mich doch noch im Stich lassen?

Angst. Ja, auch nach meiner Reha hatte ich Angst. Angst, nochmals einen Infarkt zu erleiden. Angst zu sterben. Diese Angst hat mich nie verlassen.

Es ist nicht so, dass ich ständig Angst habe. Nein, auf keinen Fall. Ich erlebe viele unbeschwerte Momente. Meine Angst ist eher wie ... ein stiller Begleiter. So ein bisschen wie ein Schuldeneintreiber.

Manchmal steht sie hinter einem Baum oder hinter einer Hausecke. Manchmal hockt die Angst auf einer Parkbank mit der Zeitung in der Hand, und während ich mit meinem Hund vorbeispaziere, hält sie die Zeitung höher, damit ich ihr nicht direkt ins Gesicht blicken kann. Und manchmal sitzt sie wie ein Detektiv in einem geparkten Auto und observiert mich still aus dem Dunklen.

Ich schwimme nicht mehr in Seen. Ich gehe nicht mehr wie früher auf den Gletscher zum Snowboarden. Das Tauchen habe ich an den Nagel gehängt. Meine Angst schränkt mich ein. Aber sie beschützt mich auch. Sie sichert mein Überleben. Es gibt Herzinfarkt-Überlebende, die so weitermachen wie vor dem Infarkt. Sie rauchen, essen fettig und bewegen sich wenig. Sie haben offensichtlich keine Angst. Laut Aussage meines Kardiologen sieht er viele dieser Menschen dann auch spätestens nach zwei Jahren wieder in der Klinik. Aber nur, wenn sie Glück haben und auch ihren nächsten Herzinfarkt überleben.

Er erzählte mir auch, dass ein paar Jahre nach dem Herzinfarkt eine schwierige Zeit auch für jene Patienten beginnt, die sich bis dahin am Riemen gerissen haben. Es ist die Phase, in der sie sich langsam wieder sicher fühlen und in alte Muster zu fallen drohen.

Ich will nicht in alte Verhaltensweisen zurückfallen. Ich will meine Angst, die mir bis hierher geholfen hat, wie eine Freundschaft weiterpflegen. Das Schreiben dieses Buches hilft mir dabei.

Meine Angst vor dem nächsten Herzinfarkt erinnert mich daran, auf mich aufzupassen. Sie mahnt mich, nicht leichtfertig zu sein, sondern an den mühsam erkämpften Veränderungen festzuhalten. Sie treibt mich aufs Fahrrad, sie jagt mich auf die Gymnastikmatte, sie bestellt für mich gesundes Essen.

Ich mag meine Angst.

96

Krankenhaus ist nicht gleich Krankenhaus und
Arzt ist nicht gleich Arzt.

Ungefähr zwei Jahre nach dem Herzinfarkt war ich noch einmal im Krankenhaus – eine kleine Klinik in meiner Nachbarschaft. Ich hatte plötzlich starke Rückenschmerzen, es war natürlich Wochenende. Die Schmerzen nahmen mir den Atem, selbst die doppelte Dosis Tabletten half nicht. In der Hoffnung auf eine schmerzlindernde Spritze beschloss ich, ins Krankenhaus zu fahren.

In der Notaufnahme gewährte man mir Einlass und ich wurde auf die Gästeliste gesetzt. Schon nach 25 Minuten im Wartezimmer wurde ich aufgerufen. Ich hatte schon gefürchtet, dass ich eine Stunde warten müsste, aber bis hierher war alles sehr zügig gegangen. „Super", dachte ich, „dann bin ich gleich wieder zu Hause, hoffentlich mit deutlich weniger Schmerzen."

Unter Qualen kroch ich in das Behandlungszimmer. Der diensthabende Arzt nahm mich in Augenschein und hörte sich mein Leid an. Er tastete meinen Rücken ab und fragte ganz nebenbei: „Haben Sie Probleme mit dem Herzen?"

Oje … falsche Frage, dachte ich, hoffentlich macht der Arzt es jetzt nicht unnötig kompliziert. Ich hatte mein Herz in den vergangenen zwei Jahren gut kennengelernt und war überzeugt, dass es vollkommen in Ordnung war. Ich entschied mich trotzdem, die Wahrheit zu sagen: „Ja, ich hatte vor zwei Jahren einen Herzinfarkt. Oder besser gesagt: zwei Herzinfarkte." Und weil ich einfach nur eine Spritze gegen die Rückenschmerzen haben wollte, ergänzte ich sofort: „Aber das ist mit Sicherheit kein Herzinfarkt, mein Puls und mein Blutdruck sind normal."

„Nun, man kann auch drei Infarkte haben! Wir werden Sie also röntgen, um zu schauen, ob vielleicht ein Infarkt vorliegt, und ich bestelle derweil einen Internisten. Jetzt gehen Sie erstmal geradeaus, dann rechts, dann links in die Röntgenabteilung. Dort warten Sie, bis Sie aufgerufen werden."

Aha – warten. Diesmal in der Röntgenabteilung. Ich saß ziemlich lange dort. Und mit jeder Minute, die verstrich, wuchsen die Zweifel an meinem Körpergefühl. Was, wenn es tatsächlich mein Herz ist, das mir die Rückenschmerzen beschert? Möglich wäre es. Dann würde der ganze Leidensweg wieder von vorne anfangen. Aber wenn der Verdacht auf Herzprobleme besteht – warum musste ich dann hier so lange warten? Hätte ich dann nicht sofort behandelt werden müssen? Dann würde doch jede Sekunde zählen!

Irgendwann öffnete sich die Türe und ich wurde hereingerufen. Ich durfte mich unter großen Schmerzen auf einen kalten Tisch legen. Nach ein paar Mal „Umdrehen", „Kurz mal nicht atmen" und „Danke, normal weiteratmen" stand ich wieder in der Tür.

„So, Sie können wieder zurück zur Notaufnahme. Dort warten Sie bitte."

Ich war nun völlig verwirrt. Nach einer halben Stunde wartete ich immer noch, während die Zeit langsam an den Wänden hinunterkroch. So langsam bekam ich wirklich Angst um mein Leben. Was denn nun? Wenn ich wirklich einen Infarkt gehabt hatte, dann könnte ich hier umkippen, den Ärzten auf dem Flur sterben. Warum tat denn keiner was?

Zwischendurch teilte mir ein Pfleger mit, dass auf den Röntgenbildern nichts zu sehen war und man mich deshalb weiter untersuchen würde, um einen Herzinfarkt auszuschließen. Was folgte, war der Standard: Ruhe-EKG, Blutdruck, Temperatur. Ich durfte liegen bleiben – und auf den Internisten warten. Der kam dann irgendwann herangeschlendert. „Es ist leider so, dass wir keine Ursache für Ihre Rückenschmerzen feststellen können. Ein weiterer Herzinfarkt auf der Unterseite Ihres Herzens kann möglicherweise in den Rücken ausstrahlen und diese Schmerzen verursachen."

Langsam war ich der Panik nahe: Wenn dem so ist, lieber Herr Doktor, wieso nehmt ihr nicht einfach mal die Hufe in die Hand? Herrgott, ich sterbe euch ja unter den Händen weg, sollte was sein.

Er aber hatte die Ruhe weg: „Sind Sie damit einverstanden, wenn ich Ihnen Blut abnehme und wir die wichtigen Werte ermitteln? Sollte sich hier eine Auffälligkeit zeigen, müssen wir leider weitermachen."

Weitermachen? Mit was weitermachen? Ihr habt noch nicht mal angefangen!

„Ja, bitte, nehmen Sie Blut."

Nach der Blutentnahme durfte ich wieder warten. Meine Gedanken drehten sich im Kreis: Was, wenn es wirklich ein Herzinfarkt ist? Was, wenn der ganze Mist wirklich wieder von vorne losgeht? Sollte ich wegrennen, in ein anderes Krankenhaus, in dem die Ärzte besser auf Zack waren?

Ich wartete ewig, stand auf, setzte mich wieder hin. Ging auf dem Flur auf und ab. Setzte mich wieder hin, spazierte wieder. Es waren sehr ungemütliche, angsterfüllte Stunden voller Verunsicherung. Der vorbeihuschende Pfleger informierte mich, dass man noch auf einen wichtigen Blutwert von mir – wartet.

Endlich, nach vier Stunden Krankenhausaufenthalt wurde mir eröffnet, dass mein Herz komplett gesund wäre. Ist das nicht klasse? Ich war so glücklich. Ich hätte die Welt umarmen können. Moment mal… Was war eigentlich mit meinen Rückenschmerzen? Genau, ich kam doch wegen der Rückenschmerzen her.

„Was ist denn aber mit meinen Rückenschmerzen? Es tut furchtbar weh."

„Ihre Rückenschmerzen? Hm. Ich gebe Ihnen ein Schmerzmittel mit. Die halten bis Montag. Auf Wiedersehen!"

Ausgeliefert sein – ich dachte, das kenne ich. Als ich meinen Herzinfarkt hatte, war ich der Situation ausgeliefert. Aber ich konnte wenigstens zu meinen Ärzten Vertrauen haben. Wie sehr mir das geholfen hat, zu überleben, wurde mir erst dann bewusst, als ich an Mediziner geriet, denen ich *nicht* vertraute. Da fühlte ich mich gleich doppelt ausgeliefert – dem Schicksal *und* den Ärzten. Diese Erfahrung wünsche ich niemandem.

97

Mein Punktekonto in Flensburg bleibt leer.

Ich liebe das Zugfahren. Ich kann arbeiten, mich nach einem langen Tag einfach meinen Gedanken hingeben oder nette Menschen kennenlernen, so wie heute. Deshalb versuche ich so oft wie möglich, den Zug zu nehmen statt mit dem Auto zu fahren.

Nach der Reha allerdings hatte ich mir nichts sehnlicher gewünscht, als wieder selbst am Steuer sitzen zu können. Denn ich musste die ganze Zeit herumgefahren werden. Das heißt: Ich war nie alleine, wenn ich unterwegs war. Ich wollte auch mal solo in den Supermarkt gehen, ohne Begleitung in Geschäften stöbern, auf eigene Faust ins Grüne fahren. Diese ganz einfachen, simplen Dinge waren mir verwehrt, solange ich nicht Auto fahren konnte.

Wird der Brustkorb aufgesägt, benötigen seine Knochen sehr lange zum Heilen, denn sie können nicht wie ein Bein- oder Armknochen geschient werden. Monatelang muss der Patient mit seinen Armbewegungen haushalten. Und dazu gehören leider auch die Lenkbewegungen am Autosteuer.

Die drei Monate Autoabstinenz, die mir die Ärzte verordnet hatten, wollte ich allerdings nicht einhalten. Zähne putzen konnte ich schon wieder alleine, jetzt wollte ich eben auch wieder Auto fahren. Schon einen Monat nach Ende meiner Reha startete ich einen ersten Versuch. Ich fühlte mich fit. „Ich habe doch so gute Fortschritte gemacht“, dachte ich. Körperlich stimmte das zwar, aber nicht mental.

Meine erste Autofahrt überforderte mich geistig komplett. Nach den entschleunigten Monaten im Krankenhaus und in der Reha hatte ich „Geschwindigkeit“ verlernt. Gefühlt fuhren alle doppelt so schnell wie früher. Selbst wenn ich in einer verkehrsberuhigten Zone fuhr, kam mir das immer noch so vor, als wäre ich auf dem Nürburgring. Also schlich ich mit dem Wagen ängstlich und unsicher am Fahrbahnrand entlang, statt zügig zu fahren. Für einen, der seit mehr als zwanzig Jahren im Außendienst unterwegs gewesen war und jedes Jahr gute 60 000 Kilometer mehr auf dem Tacho hatte, eine mehr als ungewöhnliche Situation.

Nach ein paar Kilometern musste ich den Versuch, wieder am mobilen Leben teilzunehmen, abbrechen. Es dauerte viele Wochen, bis ich die nötige Sicherheit beim Fahren wiedererlangt hatte. Das musste ich einfach akzeptieren.

Längst ist das Autofahren für mich wieder normal geworden. Doch ich habe mir eine gelassenere Fahrweise angewöhnt. Wenn ich mich über die Fahrweise anderer Leute ärgere, fahre ich einfach am nächsten Parkplatz raus und mache eine Pause.

Auch in anderen Alltagssituationen lasse ich mich nicht aus der Ruhe bringen. Mein Blutdruck bleibt unten. Schon allein deshalb, weil ich mich nicht mehr so schnell über Ungerechtigkeiten aufrege, die ich sowieso nicht ändern kann. Stattdessen versuche ich dort, wo ich Einfluss nehmen kann, es besser zu machen.

Dies alles dient meiner Absicherung. Wenn mein Blutdruck steigt, ist das schlecht für mein Herz. Also lasse ich es erst gar nicht so weit kommen. Meine Weigerung, mich aufzuregen, hat also auch was mit Egoismus zu tun. Es ist dieser Egoismus, der mich am Leben hält.

98

Angekommen – das Ende einer Reise.

Abrupt reißt mich die Lautsprecherdurchsage des Zugschaffners aus meinen Gedanken. „Meine sehr geehrten Damen und Herren, in wenigen Minuten erreichen wir Augsburg Hauptbahnhof. Im Interesse Ihrer Gesundheit bitte in Fahrtrichtung rechts aussteigen!“

Erstaunt schaue ich hoch: Der gutgelaunte Zugfahrer hat das tatsächlich gesagt. Die Mitreisenden lächeln. Auch die Dame mir gegenüber. Die Stimmung im Wagen ist gleich noch ein bisschen freundlicher. Es ist doch erstaunlich, was ein kleiner Scherz bei all den Menschen bewirkt, die heute mit diesem Zug fahren.

Ich stehe auf, packe langsam meine Sachen ein und ziehe meinen Parka an. Ich greife nach meinem Koffer in der Ablage über meinem Platz, als mich die alte Dame am Arm festhält: „Sie wären ein toller Zugschaffner!“

„Oh Gott, bloß nicht. Da hätte ich ja schon längst ’nen Herzinfarkt“, antworte ich erschrocken. Die alte Dame lacht herzlich auf und ich lache mit.

„Eine gute Weiterreise“, wünsche ich ihr zum Abschied.

„Machen Sie’s gut, junger Mann“, zwinkert sie mir zu.

Ich verlasse den Zug und ziehe meinen Koffer hinter mir. Ich atme die kühle Nachtluft tief ein. Ich trage immer noch das Lächeln mit mir.

Die Zugfahrt ist gut gelaufen. So wie eigentlich alles für mich nach meinem Herzinfarkt gut gelaufen ist. Nie zuvor in meinem Leben haben sich so viele Dinge, die mir begegnen, zum Positiven entwickelt. Ich habe nachgedacht, warum das so ist, und ich bin schnell auf die Lösung gekommen: Meine Einstellung zum Leben hat sich geändert. Ich sehe nicht mehr, was fehlt, sondern das, was da ist. Vom ersten Tag im Krankenhaus an habe ich die Dinge positiv gesehen. Ich erinnere mich gut daran, wie meine Frau mir kurz vor der Operation gesagt hatte: „So gut drauf warst du noch nie in deinem Leben!“ Und sie hatte recht mit ihrer Beobachtung.

Es ist erstaunlich, aber genau so war es: Ich war in der größten Krise voller Lebensfreude und Vertrauen. Ich bin überzeugt davon, dass diese positive Einstellung wesentlich dazu beigetragen hat, dass alles gut gelaufen ist. Ich kann es auch anders sagen: Wer Angst vor dem Runterfallen hat, der stürzt auch meistens.

Ich weiß natürlich, dass ich auch ein Riesenglück gehabt habe. Ich hatte sehr gute Ärzte und ich habe mich zum Beispiel nicht mit gefährlichen Krankenhauskeimen infiziert. Aber Angst und Misstrauen hätten meine Lage nicht verbessert. Ganz im Gegenteil. Sie hätten mich nur verkrampft und abweisend gemacht. Und damit meine Chancen verschlechtert.

Denn bei der Beziehung zwischen Arzt und Patient geht es eben nicht nur um einen mechanischen Eingriff. Es ist wie bei einem Hochzeitsfotografen: Wenn die Chemie nicht stimmt, dann werden es auch keine guten Bilder. Wenn ich nicht den Leuten vertrauen kann, die tief in mein Herz hineingesehen haben, wem soll ich denn sonst vertrauen?

Meine ehrenamtlichen Tätigkeiten im Eishockey habe ich nicht wieder aufgenommen. Mein Sohn war die Nabelschnur nun endlich los und er genoss sein Erwachsenwerden. Ich habe nun die Wochenenden ganz für mich und meine Hobbys – das Schreiben und Fotografieren.

Die Arbeit kann man nicht ändern. Aber man kann sich besser selbst organisieren und muss auch daran arbeiten, mit seinen Ressourcen sorgsam umzugehen. Das habe ich inzwischen gelernt und es geht mir gut dabei.

Mein engster Freundeskreis hat sich gewandelt. Die Menschen, die mich während der schweren Zeit begleitet haben, sind mir geblieben. Ich habe auch dazugelernt – Freundschaften muss man pflegen. Es ist ein Geben und Nehmen. Weil ich offener geworden bin, habe ich auch viele neue Leute kennengelernt. Und meinen besten Freund habe ich sowieso immer an meiner Seite – den Franzosen, meine Bulldogge.

99

Was bleibt übrig nach einem solchen Einschnitt ins Leben? Es bleibt eine lange Narbe auf meiner Brust, ein pelziges Gefühl in den Fingern, eine jährliche Untersuchung in der Reha-Klinik, meine täglichen Tabletten – und die große Hoffnung, dass meine Geschichte Menschen hilft.

Sie soll sie dazu bewegen, es erst gar nicht so weit kommen zu lassen. Auf die eigene Gesundheit zu achten ist gar nicht schwer – sich vernünftig ernähren und ausreichend bewegen macht schon viel aus. Einfach mal statt einer Leberkäs-Semmel einen Salat an der Theke bestellen. Und statt dem Aufzug die Treppe nehmen. Sich Zeit für sich nehmen … Solche Ratschläge hast du bestimmt schon hundert Mal gehört – der Trick ist, es auch wirklich zu tun. Und zwar nicht irgendwann einmal oder morgen, sondern jetzt gleich. Sofort.

Meine Geschichte soll auch denjenigen, die eine schwere Krankheit durchleiden müssen, Mut machen. Nicht mit Durchhalteparolen, denn wenn du am Boden bist, dann ist das Letzte, was du hören willst: „Komm, raff dich auf; ist doch gar nicht so schlimm!" Und das von einem pumperlgesunden Menschen, der nach dem Krankenhausbesuch bei dir zurück in sein gesundes Leben und zurück zu seinen gesunden Freunden geht.

Ich glaube, wenn jemand, der dasselbe oder ähnliches wie du durchgemacht hat, dir zuruft: „Du kannst das schaffen! Es ist möglich, und es lohnt sich", dann wirst du mehr Energie daraus ziehen können.

Der Herzinfarkt war das Schlimmste, was mir passieren konnte. Ich habe gelitten, musste Schmerzen ertragen, die eigentlich gar nicht zu ertragen sind. Er hat mich an meine Grenzen geführt und auch darüber hinaus. Im Nachhinein weiß ich gar nicht, wie ich alles schaffen konnte. Aber ich wollte es unbedingt, obwohl mir so oft die Kraft ausging. Trotzdem wundere ich mich, dass ich nicht einfach aufgegeben habe. Und ich bin heilfroh, dass ich es nicht getan habe.

Ich bin kein neuer Mensch geworden. Sondern wieder zu dem, der ich eigentlich bin. Viele Jahre lang war der echte Oliver Gaw verschüttet gewesen, nur tief in mir drin gab es ihn noch.

Nach meinem Herzinfarkt habe ich mich endlich selbst wiedergefunden.

100

Mich hat mal jemand gefragt, wie lange so ein Herzinfarkt eigentlich dauert. Ich antwortete: „Mein erster Infarkt, den ich irgendwann in der Nacht hatte und als Sodbrennen daher kam, hielt mich die halbe Nacht wach. Mein Dritter wird hoffentlich nach einer Sekunde alles beenden."

„Was ist aber mit deinem zweiten … der deine Herz-OP zur Folge hatte? Wie lange dauerte der?", fragte er mich weiter.

Ich überlege: Was ist die Antwort? Waren es die zwanzig Minuten, bis ich nach meinem Zusammenbruch im Auto endlich im Landsberger Krankenhaus behandelt wurde? Oder zählt die Zeit bis zur achtstündigen Herzoperation in Großhadern mit dazu? Die drei Wochen Reha in Bad Wörishofen? Das halbe Jahr, bis ich wieder fit war?

Nein, das trifft es alles nicht. Alles in meinem Leben hat sich seit meinem zweiten Herzinfarkt gewandelt. Meine Prioritäten, meine Ernährung, mein Sport, meine Hobbys und vor allem meine Einstellung zum Leben.

Ich lächle, als ich antworte: „Mein zweiter Herzinfarkt dauert den Rest meines Lebens."

Epilog

Ich sitze auf einer Parkbank. Spike liegt zu meinen Füßen und kaut auf einem dicken Stock. Ich ruhe in mir. Ich spüre die Wärme der Sonne auf meiner Haut und rieche den Duft der Kräuter und der Felder um mich. Ich sehe hundert verschiedene Grüntöne und höre das Brummen eines Traktors, der in der Ferne übers Feld fährt.

Ich höre mich atmen, sehe, wie sich mein Brustkorb rhythmisch weitet. Wenn ich ganz aufmerksam in mich hineinlausche, spüre ich meinen Herzschlag. Was für ein großes Glück das doch ist!

Das Jahr 2011 ist mir als wunderschöner Sommer in Erinnerung; als ein ruhiger Sommer mit einem Himmel, wie man ihn sich schöner nicht wünschen kann.

Nachwort

Täglich erleiden etwa 800 Menschen in Deutschland einen Herzinfarkt: Einer von ihnen war Oliver Gaw. Wir lernten uns in „meiner" Rehabilitationsklinik in Bad Wörishofen kennen, als er nach erfolgter Herz-Bypass-Operation in München zu einer Anschlussheilbehandlung zu mir kam. Aus einer vertrauensvollen Arzt-Patienten-Beziehung wurde inzwischen eine Freundschaft, die mich bereichert hat.

In all den Jahren, in denen ich Infarkt-Patienten betreue, ist mir noch niemand begegnet, der seinen Infarkt nicht hätte verarbeiten müssen. Gerade auch die „stärksten" Männer in den „besten" Jahren werden durch das akut lebensbedrohliche Ereignis in ihren Grundfesten erschüttert. Wenn in den Schulungen erwähnt wird, dass knapp 30 % der Infarkt-Patienten auch heute noch versterben, kann man immer ein dezentes Schlucken im Patientenkreis vernehmen. Die Verarbeitung benötigt Zeit und diese Zeit muss man sich nehmen.

Das deutsche Gesundheitswesen mit seinen Reha-Kliniken bietet neben professioneller Aufklärung zur Herzerkrankung und diversen Möglichkeiten zum körperlichen Aufbautraining auch eine intensive psychologische Unterstützung. Wie ein Schwamm saugte Oliver jede Information zum Herzinfarkt auf. Viele Fragen kamen auf: Wenn ich keinen der „klassischen" Risikofaktoren wie Rauchen, Bluthochdruck, Diabetes oder erhöhte Cholesterinwerte habe, wieso kann ich dann trotzdem einen Infarkt bekommen? Welche Rolle spielt negativer Stress, was bedeutet familiäre Belastung? Wie geht es jetzt weiter?

Genau diese Fragen bewegen alle Infarkt-Patienten, nicht alles traut man sich zu fragen. Im Internet tauschen sich heute auch viele Infarkt-Patienten aus; leider nicht immer auf einem Niveau, von dem andere auch profitieren können. Auch Oliver teilte seine Erfahrungen mit anderen Betroffenen und gründete einen eigenen Blog, der auf viel Resonanz stieß. Endgültig eine Lücke schließt er mit dem vorliegenden Buch „Neustart", das aus diesem Blog entstand. So persönlich und Mut machend kann nur ein Betroffener schreiben. Wenn er dann auch noch im Infarkt eine Chance zum Neustart sieht, kann er auf seine Leser wie eine Motivationsdroge wirken.

Auch in meiner Ambulanz befinden sich viele Patienten, die nach ihrem Infarkt-Schicksalsschlag sogar besser drauf sind als zuvor. Weil sie jetzt etwas für sich tun, regelmäßig Sport treiben, gesünder essen, nicht mehr rauchen und vor allem das Leben intensiver und bewusster angehen. Wie so etwas gelingen kann, dazu trägt Oliver Gaws Buch im positivsten Sinn bei. Als Kardiologe kann ich „Neustart" deshalb einer großen Leserschaft nur ans Herz legen!

Prof. Dr. med. Jens Wagner
Facharzt für Innere Medizin, Kardiologie, Pneumologie,
Intensivmedizin
Chefarzt Klinik Bad Wörishofen

Oliver Gaw

Jahrgang 1964, Berufsausbildung als Reproduktionsfotograf, arbeitet als Außendienst-Mitarbeiter für einen der größten deutschen Buchhersteller.

Sein Interesse für das Schreiben entdeckte er schon in seiner Kindheit. Nach seinen beiden Herzinfarkten startete er einen erfolgreichen Blog über die einschneidenden Ereignisse und sein neues Leben.

MIX
Papier aus verantwortungsvollen Quellen
FSC® C014496

Verlagsgruppe Random House FSC® N001967

1. Auflage März 2016
Bestell-Nr. 835085
ISBN 978-3-86334-085-8

Umschlaggestaltung: Gute Botschafter GmbH, Haltern am See
Satz: Uhl + Massopust, Aalen
Druck: GGP Media GmbH, Pößneck
Printed in Germany